高中校长教育
与管理思想探讨

李金山◎著

中国财富出版社有限公司

图书在版编目(CIP)数据

高中校长教育与管理思想探讨 / 李金山著． — 北京 ： 中国财富出版社
有限公司，2021.4

ISBN 978-7-5047-7404-0

Ⅰ.①高… Ⅱ.①李… Ⅲ.①高中—校长—学校管理—研究 Ⅳ.①G637.1

中国版本图书馆CIP数据核字(2021)第060986号

策划编辑	李彩琴 周 畅	**责任编辑**	邢有涛 刘康格	**版权编辑**	李 洋	
责任印制	梁 凡	**责任校对**	张营营	**责任发行**	杨 江	

出版发行 中国财富出版社有限公司

社 址 北京市丰台区南四环西路188号5区20楼 **邮政编码** 100070

电 话 010-52227588转2098(发行部)　　010-52227588转321(发行部)
　　　　 010-52227566(24小时读者服务)　　010-52227588转305(质检部)

网 址 http://www.cfpress.com.cn **排 版** 中知图印务

经 销 新华书店 **印 刷** 北京九州迅驰传媒文化有限公司

书 号 ISBN 978-7-5047-7404-0/G·0805

开 本 710mm×1000mm 1/16 **版 次** 2023年10月第1版

印 张 9.5 **印 次** 2023年10月第1次印刷

字 数 141千字 **定 价** 56.00元

前　言

　　高中校长是在高中担任领导职务并具有决策权和管理权的专业人员。随着社会的发展和教育的变革，校长专业化成为校长职业发展的必然趋势。校长专业化是校长构建专业知识、专业技能和职业道德规范体系的动态发展过程。

　　当代教育的改革和发展要求校长不断提高自身能力素养，成为教育专家，甚至是教育家。校长专业化要求校长发展成为懂得教育规律、尊重教育规律、能按教育规律办教育的教育管理精英。

　　教育是人与人心灵最微妙的相互接触，学校是人们心灵相互接触的场所。无论是校长还是教师，都要具有理解他人、与他人合作共事的能力。其中，作为学校管理的舵手，校长具有举足轻重的作用。学校教育面临的挑战不仅是硬件资源上的，更重要的是"软件资源"上的，即教师队伍的素质方面的挑战。一个成功的学校管理者应懂得不失时机地去发现价值规律，不断地提高自己的领导力，带动他人去做本来做不到或做不好的事情，通过细心地观察、倾听、关注和了解，努力挖掘人才，充分调动其才能。

　　校长必须具有博大的胸襟和一双慧眼。教育家苏霍姆林斯基认为，校长首先是教育思想上的领导，其次才是行政上的领导。校长应具备人本主义的理念、先进的教育教学理念、独特的办学思想、敏锐的嗅觉、独特的管理风格和人格魅力。

　　一个优秀校长既要掌握教育管理的专业知识，又要熟悉社会管理的公共知识，更要在学校的管理实践中，获得深刻的见解，积累丰富的经验，形成教育的智慧。创新是一个民族进步的灵魂，是一个国家兴旺发达的不竭动力。一所学校是否有特色，是否有进取奋发的激情，能否在未来的国际竞争中弄潮搏浪，首先取决于校长是否具有创新意识。校长处于学校管理系统的核心地位、领导地位和决策地位，校长是否具有创新意识事关该校教育改革的成败。

目 录

第一章 教育与管理思想概述

第一节 学校教育理念概述

高中学校教育理念随着经济发展不断革新,笔者在众多教育理念中挑选了四类具有代表性的理念进行具体阐述,分别为:STEM 教育理念、生本教育理念、HPS 教育理念、生态教育理念。

一、STEM 教育理念

(一)STEM 教育相关定义

1.STEM 教育

STEM 是科学(Science)、技术(Technology)、工程(Engineering)、数学(Mathematics)英语首字母的缩写。作为一种基于真实情景的学习理念与方法,它重视科学、技术、工程和数学的内在联系,并对涉及的众多知识进行了整合。

STEM 教育已经成为当今教育领域的研究热点,学界对其本质展开了激烈讨论。从教育目的的角度来说,代表性观点有教学创新说、创新人才说、素养说以及社会服务说。在支持教学创新说的学者看来,传统教育重视知识习得,缺少技能与方法的学习,是一种不完整的教育,而STEM 教育往往是从某个实际问题出发,引导学习者综合利用科学、技术、工程、数学等领域的知识,实现教学创新。有学者指出,STEM 教育整合多个领域知识,并且注重实践过程的教育,有助于学生理解各领域的知识联系与迁移。支持创新人才说的学者认为,STEM 教育是围绕着真实情景中的某个具体问题,学生通过协作共同完成学习任务,解决真实情景中的具体问题的教学模式。该模式培养学生创新性解决问题的能力。支持素养说的学者认为,学习者通过STEM教育,在项目学习中可以获得创新精神和STEM素养。支持社会服务说的学者认为,STEM教育的目的是培养一批能够为社会设计出创新型产品、为实际问题提供解决方案的人才。

笔者认为,STEM教育以真实情景为背景,整合了多个学科的内容,有效地培养了学生的创新精神与STEM素养。其中,技术工具在STEM教育中起到了重要作用。

2.STEM教育整合方式

与其他教育理念相比,STEM教育理念强调从各学科的整合视角进行教学。STEM教育理念是整合性的教育理念,主要有三种整合方式:内容整合(Content Integration)、辅助式整合(Supporting Content Integration)以及情景整合(Context Integration)。

(1)内容整合。即在设计教学活动时以一个核心概念为出发点,找到核心概念相关领域的知识或规律,对其进行整合;学生在融合了多个学科的教学活动中,掌握多方面的知识,提升能力。

(2)辅助式整合。即在策划教学内容或活动时,以一个学科为主要的教学科目,再以一个或多个学科为辅助教学科目。

(3)情景整合。即以设置的主要教学目的为核心内容,围绕该内容提出真实情景中的问题。例如,在厨房情景中,创设面团发酵的情景,促使学生运用物理、生物、化学与数学的相关知识来解决情景中的问题,或提出解决方案。为了解决该问题,学生对涉及的知识进行系统学习,利用现代技术工具进行研究,通过小组协作进行设计,并最终完成任务目标。可见,基于STEM教育理念的教学活动,可以使学生深入理解和解释自然现象或者工程问题。任何一门理工科课程都可基于STEM教育理念进行设计,通过探求各学科间的协同效应来增强学习者对现有知识的学习,不局限于整合单独学科的课程。

综上所述,笔者认为对于学科知识的整合,可以根据需要采用一种或多种上述整合方式作为教学设计的依据。

3.STEM素养

STEM课程的目标包含了培养学生的STEM素养、创新能力以及问题解决能力。其中,培养STEM素养即培养学习者的科学素养、技术素养、工程素养和数学素养。

(1)科学素养:利用科学知识、科学研究过程和方法,以及科学技术来培养科学素养。

(2)技术素养:获取技术知识并将其与其他形式的社会和文化理解相结合。

(3)工程素养:学生对工程(包括工程技术设计以及开发过程)的理解。

(4)数学素养:学生对数学问题进行挖掘、阐述、分析和处理,将数学概念和方法应用于各种客观事物。

这四个方面是相互交织、相互联系且不可分割的。科学是课题背景的基本组成部分,课题背景中必然蕴含科学;技术和工程不仅是科学成果,也是科学探究中不可缺少的方法手段;数学体现在教学的方方面面,数学素养的提升对整个教学活动有着积极的意义。学生通过STEM课程提升了综合运用科学、技术、工程、数学知识的能力,这也从根本上解决了21世纪STEM人才短缺的问题。

(二)STEM教育特点

STEM教育过程是让学习者以项目学习的方式,在真实情景中尝试多种思路,学习多门学科知识,倾听他人意见,利用工程技术完成学习任务的过程。因此,STEM教育的特点为跨学科、体验性、情景性、协作性、技术性和设计性。

1.跨学科

传统教学理念根据知识的相对独立体系进行分科处理和分科教学。但在真实情景中,分科的形式会割裂学科与学科、学科与问题的固有联系,从而丧失了教学情景的完整、真实,以及可探究等特点。

在真实情景中,传统教学存在的问题并不是考试中科目分明,而是通常包含复杂的、涉及多种学科的知识。美国学者艾布特斯认为,科学、技术、工程和数学是基础的元学科,通过这些学科的融合可以创建一门基于不同学科知识的新"整体"学科。与多学科相比,STEM教育中的跨学科提供了真实情景,具有复杂性和可探索性的知识背景。

2.体验性

体验并不是主观感受,而是通过调动外在感官,对研究对象形成客观和全面的认识。STEM教育为学生提供了体验知识建立的过程,学生通过主动思考和实际具体操作,建立对研究对象的客观认识,这是书本或教师讲授无法代替的认知过程。同时,STEM教育提高了学生的动手能力,使学生掌握了探究的方法与技能,提升了综合能力。

3.情景性

怀海特认为脱离了生活情景的学习是不完整的学习,不利于学生养成解决实际生活问题的能力,只能帮助其在考试中获得高分。与仅传授知识的传统教育不同,STEM教育强调结合实际问题创设适合学生探究学习的情景,在情景中融合各学科的知识,发现具有挑战性的问题,并引导学生解决问题,从而实现更好教学。通过STEM教育,学生了解了真实情景中问题所涉及的知识和解决问题的方法。

4.协作性

STEM教育强调伙伴关系,成员在研究问题的过程中相互帮助、相互启发,共同合作解决问题。STEM教育活动建立于真实情景,现实中的问题通常由团队成员共同解决,这就决定了STEM教学活动顺利完成必须依赖良好的伙伴关系。良好的伙伴关系包括有效交流、合理分工和默契实践,这些有助于学生学习知识和解决问题。因此,在STEM教育的评价环节中,仅对学生个人进行评价不够充分,应该以小组为单位对小组的表现进行评价。

5.技术性

STEM教育强调学生具备一定技术素养,在教学中,可根据教学内容的需要向学生介绍相关技术应用及其发展历程。学生在技术活动的刺激下,可以产生创新的动力,提高运用技术工具解决实际问题的能力。

6.设计性

STEM教育强调学生要在社会实践活动中学习,学生不仅要参与学习过程,而且应通过自己动手设计相关作品,以获得能力与知识上的提升。

(三)STEM教育教学设计

基于STEM教育理念的教学设计需要一定的理论基础,下面将探讨以建构主义学习理论作为情景设计的依据,以6E教学模式①作为设计的主要流程,以STEM-SOS②教学模式作为教学模式的重要补充。

1.建构主义学习理论

建构主义学习理论认为,学习并不是一个被动灌输、被动接受的过程,教师不能直接把知识"注入"学生这个"容器"中。学习必须是学生在已经具备的认知结构的基础上,主动与环境互动,从而自主建构内在表征的过程,即学生在一定的情景之下,借助一定的学习材料,与他人的协作,通过自主建构的方式获得知识和能力。建构主义学习理论主要包括以下几个方面。

第一,学习观。学生是学习活动的主体,应主动对知识体系进行建构。

第二,知识观。知识是一种解释,是一种描述,知识并不是一成不变的,而是随着研究的深入逐渐接近事物规律的客观本质。

第三,学生观。学生在学习时,并不是一个空的"容器",也不是一张"白纸"。学生已经积累了很多生活经验,而且在不同的生活情景中,已经建立了对问题的理解、判断和认识。

STEM教育理念与建构主义学习理论有相似之处,从实施环节来看,二者同样强调学习者在情景中建构知识体系,进而强化对知识的记忆、巩固和迁移;从活动的组织形式来看,二者都强调以小组为单位的协作式活动;从教学的结构来看,二者都强调将教师的"教"转移到学生

---

①6E教学模式主要包括六个过程:引入(Engage)、探究(Explore)、解释(Explain)、工程(Engineer)、丰富(Enrich)、评价(Evaluate)。
②STEM-SOS 的全称为"STEM Students On the Stage",中文直译为"STEM学生登台秀"。

的"学",即以学生为主体;从教育者的职能来看,二者均鼓励教师根据学生已有的知识经验和架构,让学生积极、主动地参与课程活动、探索新知、构建新知识架构;从教学的基本要求来看,二者同样以对情景的探究和发现作为基本活动的基本要素。因此,STEM教育是一种基于建构主义学习理论的教育实践。

STEM教育跨学科整合的首要任务是设计项目情景,这样做可以激发学生的学习兴趣,使其在项目的实施中学习知识。如果没有良好的项目情景,有可能导致学生学习困难、兴趣降低、学习效率低下、学习结果无法达到预期等系列问题。因此,STEM教育情景设计的核心与建构主义强调的学习观、知识观和学生观是一致的,学生通过合理分析和选择,积极主动地运用各学科的相关知识以及自身的生活经验建构自己的理解,并在此基础上设计出解决问题的方案,从而在跨越学科界限的学习活动中,提高解决实际问题的能力。

STEM教育强调在情景中设置项目,项目的学习也始终贯穿在情景之中。但在不同的情景中,项目的呈现方式也应有所不同,教师应该指导学生不局限于发现项目对情景的影响,要促使学生找到情景对项目的影响作用,情景和项目应该是相互依存、相互影响的。因此,基于STEM教育理念的教学活动设计应建立在建构主义学习理论的基础上,但是也需要进行一定的改进。

2.项目学习法与STEM教学模式

学生在项目学习过程中发现问题,以问题驱动的形式从不同学科中获得知识,并对这些知识进行整合。项目学习法注重不同学科的知识联系,对研究情景中的问题以及所涉及的内容进行集中处理,以便进行重点难点突破。项目学习的模式具有多样性,下面以与STEM教育理念极为契合的6E教学模式、STEM-SOS模式作为主要的教学模式进行研究。

(1)6E教学模式

2014年美国国际技术与工程教育学会,根据STEM教育理念强调的工程设计在5E(引入、探究、解释、迁移、评价)教学模式的基础上提出了6E教学模式。相较于5E教学模式,6E教学模式是一种强调科学探究思维的项目学习模式。为了迎合STEM教育理念,6E教学模式融入了工程设计的特有流程。研究者在5E教学模式的基础上强调在真实情景中完成学习任务,并整合项目的工程设计内容,得到了6E教学模式。该模式下,学生在客观环境中以现实问题为导向,通过自主学习、自主探究、自主评价的方式,运用跨学科的知识、相关的技术、工程设计的方法应对挑战性任务,获得科学素养、技术素养、工程素养等,达到培养解决问题能力、创新能力和创新意识的目的。

(2)STEM-SOS模式

这一教学模式发源自美国哈莫尼公立学校,其官网对STEM-SOS教学模式的描述为:一个严谨的、跨学科的、有参考标准的STEM教学模式,以学生为中心,教师引导和促进,载体是一系列以探究项目为基础的学习活动,其实质是PBL①和STEM教育的结合,该教学模式注重以标准为基础进行教学,同时丰富和扩大学生的学习活动。STEM教育与PBL结合的模式不仅能促进学生的协作技能和学生自主学习能力的提升,还有助于学生学业水平的提升。针对该教学模式为什么被称作"STEM-SOS"的问题,有学者认为是因为该教学模式主要强调学生与周围的人积极分享在学习过程中取得的成果,通过这些协作和分享的过程,帮助学生提高学习的信心和积极性,并且使学生获得更多的支持。这也是该模式最大的特征。

二、生本教育理念

所谓生本教育,实质上是一种尊重生命、尊重自然,顺应学生天性的教育。其实质是以学生为中心的教育,是一种教育操作哲学。从某种意义上说,生本教育是一种操作模式,也可以说是一种框架、逻辑和经验,具有无限的发展空间。

(一)生本教育的理念

生本教育的理念为课堂教学的主体是学生,教师根据学生的经验

①即Project-Based Learning,是一套设计学习情景的教学方法;是指问题式学习或项目式学习的教学方法。

进行课堂教学,最终让学生得到真正发展,它主要体现在以下三个层面。

1.生本教育的价值理念

一切为了学生是生本教育的价值理念,为学生服务是生本教育的宗旨。师本教育这一传统的教育模式,将教育对象看作知识"容器",教师在设计教学过程时不会过多考虑学生的内心,容易忽视其发展规律,远离了学生。一切为了学生是生本教育立足的根本。为了促进学生自我自然发展,应把学生当作独立、鲜活的个体,把教学设计的着眼点放在学生发展的需求上,这样才能真正把学生看透、看明白,然后从实际上把握住。

2.生本教育的伦理理念

尊重学生是生本教育的伦理理念,也是生本教育的核心和基本规则。尊重学生的重要之处在于教师既要了解学生的学习本性以及学习潜在能力,也要了解学生的性格特征等诸多方面。

独立的个体有着无限的潜力,只有尊重学生,才能激发他们最大的潜能。

3.生本教育的行为理念

学生全面依靠自己是生本教育的行为理念。学生所有的经历、本领和思考等是他们学习的能量来源,只有将这些有机地结合,才能使其他资源发挥最大的用处。所以,教师在上课的时候可以努力调动和依靠学生的个体资源与群体资源,使学生得到最大发展。

(二)基本观念

生本教育为新课改背景下的课堂教学指明了正确的方向,是一种现代教育思想。

生本教育的目的是提升学生的生命价值,因此学生是教育中全部活动的目标对象。学生根据自己的潜在能力和生活经验提出需要,教师在教育过程中一定要根据学生个体的本质特点进行针对性教学。学生是教学活动的起始点,学生只有自己得到了发展才到达教育的终点。

三、HPS[①]教育理念

(一)HPS教育理念的概念界定

赫伯特·斯宾塞于19世纪提出"科学知识最有价值"的观点,自此科学的价值与科学教育越来越受到教育学家的关注,也成为各国教育改革无法回避的重要议题之一。HPS教学理念是西方科学教育研究者提出的一种科学教育理念,最初是为了解决如何提升科学本质认识和科学教育质量的问题,这一理念在我国最先由刘兵博士翻译和引介。关于HPS组成要素的理解主要集中在两种观点,其一是Matthews的著作和研究中所使用的history and philosophy of science,即科学史与科学哲学;其二是history philosophy and sociology of science,即科学史、科学哲学和科学社会学。下面将通过梳理HPS的发展进程,说明这两种界定的发展与演变。

在科学史的发展进程中,恩斯特·马赫致力于将科学史应用到科学教育中,并在1895年首次提出以科学史与科学哲学的方式来开展科学教育,并逐步获得科学教育界的广泛认可。他在20世纪80年代提出HPS教育理念,但在这个时期,科学社会学并没有包含在HPS的概念内。

这是由于在20世纪50年代之前,关于科学史的研究只局限于"内史"的范畴,也就是说这一时期的科学史家关注的是科学自身在历史发展中的前后逻辑,主要要素是科学概念与科学框架,研究方法和知识理论以及科学实验等方面。20世纪60年代,以马斯·库恩(Kuhn)为代表的历史主义学派受到重视,强调科学哲学应该从科学史出发,关注科学发展中各社会因素的相互作用,更多地将历史放置在社会、政治、思想等更为复杂的情景中。

20世纪70年代,爱丁堡学派将科学知识作为新的研究视角并发展为科学知识社会学(SSK),认为科学知识是一种社会产品,科学知识并不能代表客观的物质世界,只是科学家制造出来的"局域知识"。基于此,通过研究社会因素可以进一步认识科学知识的发展。SSK在一定

①HPS是科学史、科学哲学和科学社会学。

程度上缓解了"内外史"之争,进一步推动了科学史研究的进程,使科学社会学与科学哲学一样纳入科学史研究的范畴,HPS的内涵扩展为科学史、科学哲学和科学社会学,三者相互联系,密不可分。

(二)HPS教育模式

有学者将教育模式定义为在一定教学理论或思想指导下,建立起来的较为稳定的教学活动结构框架和活动程序。笔者认为,HPS教育模式即如何实施HPS教育,是指在HPS教育理念指导下,为实现一定教学目标而在课堂实施的稳定的活动程序,是具有特定结构形式的教学模式。

通过文献调研可知,目前HPS教学模式有四种,分别为孟克与奥斯本融合模式、马修斯适度模式、补充科学模式和融入科学本质的对话教学模式。

1.孟克与奥斯本融合模式

最早提出HPS教育模式的是英国孟克和奥斯本,他们通过借助历史经验,提出将HPS教育融入科学课程的新方式,这种新方式称为孟克与奥斯本融合模式(以下简称融合模式)。此模式的基本前提是学习的课题是科学史上某科学家曾研究过的现象。该融合模式包括演示现象、引入观念、学习历史、设计实验、呈现科学观念和实验检验、总结与评价六个步骤。

2.马修斯适度模式

迈克尔·马修斯是澳大利亚科学哲学教授,他一直积极倡导将科学史和科学哲学的内容纳入科学教学,提出了适度模式。

马修斯认为,课堂教学往往会涉及术语。当师生在课堂教学中遇到术语时,能够强化思考其意义以及正确使用的条件,这有助于提高学生的哲学思辨能力和掌握科学概念,形成批判性思维。

马修斯坚信科学史和科学哲学很重要,希望教师能多掌握相关内容,也希望学生不仅能够学到知识,还能得到科学哲学方面的训练,尽管这在实施中有难度。具体可采用这一方法,即师生可以就课上出现的科学史等问题展开讨论。例如,人类应当对科学持有怎样的态度?

科学进步与社会发展的关系是什么？科学家的社会背景对其所取得的成就的影响是什么？科学对人类发展的作用是什么？科学发明都是有利的吗？

3.补充科学模式

传统 HPS 教育更强调科学，而补充科学模式把焦点从科学转向了自然。提出补充科学模式的哈索克·张指出了补充科学模式的具体研究内容：一是对科学家认为是必然的结论进行研究；二是对以往科学研究中明显异常和令人怀疑的因素进行探究。因此该模式强调对系统化知识中详细问题的研究，实现对原有科学知识的补充。将补充科学运用于实际教学，引导学生学会批判性地理解和接受知识，而不是全盘接受。正如哈索克·张说的那样，补充科学模式的奇妙之处莫过于对教育方面的影响，并有可能发展成为未来科学教育的一大支柱。

4.融入科学本质的对话教学模式

科学本质的内容在教学中应显性地体现出来，即师生在对话交流中围绕科学本质议题进行一定程度的探讨。高中阶段的学生求知欲较强，在课堂教学中难免会产生较多问题，特别是在科学探究过程中，师生围绕科学本质问题进行对话时更是如此。袁维新教授提出 HPS 教育可采取融入科学本质的对话教学模式，包括定向参与、提出假设、实验探究、引导反思、对话拓展五个环节。

四、生态教育理念

（一）生态教育理念的诠释

生态教育理念是在新的时代背景和社会经济发展需求下形成的一种新的教育理念，其内涵非常丰富。狭义的生态教育一般是把生态意识渗透到学校的教育和教学中去，是培养学生形成正确生态观的重要途径；广义的生态教育则强调将生态学思想、原理、原则与方法融入现代国民教育的生态过程。

国内学者认为，生态教育是指伴随着社会各领域的生态危机，现代教育必须及时调整发展方向和指导方针，逐步走向生态化，建立符合生态规律的新型教育系统。笔者认为,生态教育理念是一种以"实现可持续发展和创建生态文明社会"为宗旨的教育理念,重点强调培养学生的生态意识,促进师生和谐、全面可持续发展。

(二)生态教育的基本内容

生态教育的研究在我国显示出强有力的发展趋势,形成了一些比较成熟的理论和观点。在"以人为本,以学生的发展为本"的核心理念指导下,重新审视生态教育。

1.学生

(1)学生是生态教育系统的主体

学校里生态教育系统的构建宗旨是师生之间相互依存、共生发展,其中最重要的一方面是实现学生的知识、能力、思维、情感等全面发展,促进学生在此环境中健康、良好成长。与此同时加快教师专业发展,实现教师职业成长。所以在生态教育观下学生被视为主体要素,教学应以学生的发展为本,通过实现学生的全面成长带动整个系统和谐稳定持续发展。

(2)学生是自我学习的开拓者

"教师主导、学生主体"的双主课堂教学范式已被当前大多教育工作者认可和倡导。在生态教育范式下的系统中,学生依然是整个发展过程中学习和发展的主体,对知识的选择和自身发展的方向有自身主观能动的优势。学生只有正确认识自己内心的需要所在,了解自己渴望发展的方向,才能选择一个适合自己的目标,有选择性地选择课程,学习相应知识,锻炼相应能力。所以,学生应成为自我学习的开拓者。

(3)学生是和谐发展的促进者

生态教育系统中各个要素是平等、互相合作的,教师和学生应保持和谐合作的关系。教师应把学生视为互相学习的合作者,发现学生不足之处时应及时进行教育引导;同样,学生在发现教师的错误时可以及时指出,提醒教师进行改正。这样有利于促使整个系统的发展不出现偏差,始终沿着正确的轨道前进。

2. 教师

在强调整体和谐发展的生态教育视域下,重新定位教师角色。

（1）教师是学生生命的关注者

生态教育倡导教师不仅要关注学生的能力和对知识的掌握程度,还要更多地去关注学生的成长。教师应尊重学生人格、关注学生情感、遵循生命发展自然轨迹,从而引导学生领悟生命的真谛,带领学生走向和谐和完善的成长之路。

（2）教师是生态关系的协调者

在教师、学生和学习环境三者构成的学校教育体系中,教师不再是居于权威地位的领导者和指挥者,三者是相互影响、相互作用的共生关系。所以,教师更多地扮演着生态关系的协调者这一角色,是联系各个因素的纽带和桥梁,发挥着重要作用。教师既要协调好师生以及学生之间的人际关系,又要协调好学生与知识间的关系,还要协调好自身、学生以及社会、家庭和学校等各种环境因素的关系。

（3）教师是课程资源的整合者

生态教育强调的是生态系统的全面性,教学过程中必然会受到来自系统内部、外部各种因素的影响。学校所拥有的课程资源就不应该仅仅局限于课本和教材,必须进一步开发与学生生活以及周围环境密切相关的课程资源。也正因如此,生态教育强调教师改变静态课程执行者身份,努力做课程资源的整合者。课程资源的充分整合可以为学生搭建满足个性需求的平台,也可以为有特质需求的学生提供了更广阔的发展空间。

（4）教师是教育实践的反思者

反思永远是成长和发展过程中的重要环节。在生态教育范式下,教师应具有较强的反思能力,成为教育实践的反思者。因为学生处于成长的过程中,思想、行为等方面均未完全成熟,这就要求教师站在整体的角度以系统、动态、发展的眼光关注整个生态系统的发展,尽量保持整个系统的平衡状态。所以教师的反思能力在维持整个系统平衡、持续发展的过程中显得至关重要。

（5）教师是自我发展的进取者

生态教育系统内部各个要素之间是彼此影响、相互作用的。所以教师在教育学生的同时会受到学生的影响。这就要求教师严格要求自己，成为自我发展的进取者，以达到自身不断进步与完善，从而保证自身对系统其他因子的良好影响，进而促进整个系统良性循环。

3.学习

生态教育是把学习看成由学习者、学习活动、学习工具、社会及物质环境等构成的多要素相互作用的行为。生态教育要求作为主体的学习者积极地与其学习环境交互，把学习者视为知识技能的主动建构者，强调个体与共同体在学习过程中的相互贡献、相互塑形作用。

（三）生态教育的基本特征

生态教育具有四个基本特征，即开放性、多样性、共赢性和可持续发展性。

1.开放性

生态教育系统不断地与系统外部进行物质和能力的交换。这个系统中，物质资源和知识资源共享程度高，并能不断产生新的知识资源，进一步促进智力主体的自我完善。

开放的生态教育也表现出很大的先进性，是科学的教育思想。所有的优质教育资源，在生态教育理念下均能为其所用。

2.多样性

多样性既是维持生态教育系统平衡的一个关键因素，也是生态教育的一个基本特征。生态教育的多样性主要体现在学生的多样性。不同的学生有不同的个性心理，例如，有的学生活泼好动，有的学生沉默寡言等。

3.共赢性

生态教育的共赢性体现在构成生态课堂系统的师生之间以及学生之间相互促进、共同成长；教师的教学推动学生的发展，学生之间的互动促进彼此发展，学生的发展也促进教师的专业成长，生态主体之间是相互促进、密不可分的关系。

4.可持续发展性

生态教育高度关注教育主体的生理健康和心理健康,注重可持续发展。教育主体乐于参与,积极收获知识是生态教育的目标和追求。生态教育一方面担负着培养学生可持续发展意识的重任,另一方面是培养学生可持续发展能力的重要途径。生态教育不仅注重传授知识,更强调让学生掌握方法和技能,培养和提升学生的自学能力和生存能力,使之树立终身学习、可持续发展的观念。

第二节 学校管理思想概述

一、学校管理思想的内涵

学校管理思想是哲学思想在学校管理中的延伸和扩展,是管理思想在学校管理中的运用。基于思想的特征并结合学校管理的特殊性,笔者认为学校管理思想具有以下基本特点。

第一,学校管理思想是学校管理主体对学校管理现象进行思考后形成的概念或观念,是理性认识的成果。第二,学校管理思想包含了学校管理主体关于"学校管理应然状态"的价值取向或倾向。第三,学校管理思想不是学校管理现实,但源于对学校管理现实的思考,是学校管理主体对学校管理现实的自觉反映。第四,学校管理思想是个外延比较宽泛,能反映学校管理思维的普遍概念或上位概念。第五,学校管理思想之于学校管理实践,具有引导定向的意义。

综上所述,笔者认为学校管理思想是指学校管理研究者对于学校管理活动的理性认识、理想追求及其所形成的管理思想观念和管理哲学观点,是学校管理主体在学校管理实践及其思维活动中形成的对"学校管理应然状态"的理性认识和主观要求,是学校管理主体在管理实践、思维活动及文化积淀和交流中所形成的学校管理价值取向与追求,是一种具有相对稳定性、延续性和指向性的学校管理认识、理想的观念体系。

学校管理思想是对现实学校管理的客观反映的概括和综合,是立足于学校管理实践的应然状态而做的一种整体把握;同时学校管理思想的变革与创新是社会发展和教育发展的客观要求。学校管理思想必须反映学校管理的发展趋势、学校管理者的理想追求,因此,学校管理思想要超越"实然状态",走向"应然状态"。由于学校管理思想形成的基础——学校管理实践是不断变化发展的,学校管理思想本质上是一个动态的、不断发展和完善的过程,具有导向性、前瞻性、规范性等特征。建立在学校管理实践和学校管理规律基础之上的先进的学校管理思想,作为一种远见卓识,反映了学校管理的本质和时代特征,蕴含着学校管理发展的思想,是指导学校管理实践、引导学校管理者的管理行为的观念。

二、学校管理思想的分类

随着新的管理理论和管理实践的发展,管理思想也在不断更新。而学校管理思想的发展不仅源于一般管理思想的发展,还与教育思想的变革更新紧密相连。学校管理思想呈现出多元发展态势。有人认为,校本理念、经营思想、专业发展思想和质量管理思想都在学校这一微观领域有不同程度的体现。根据不同的管理思想在学校管理中发挥的功能和价值的不同,人们把现代学校管理活动中典型的管理思想分为基础性管理思想和增效性管理思想。基础性管理思想是学校管理活动中必不可少的、基础性的思想,这些思想的实践可以维持学校管理秩序和达成管理目标。增效性管理思想的主要功能是在坚持学校基础性管理的基础上进一步增强学校管理实效,使其有明显的实质性进步。除此之外,学校管理思想还有人本管理思想、全面质量管理思想和学习型组织思想。下面详细讲述这三种学校管理思想。

(一)人本管理思想

1.人本管理的内涵

关于人本管理的释义,学术界有不同的理解。有的学者将人本管理概括为"3P"管理,即从管理对象角度看,是人的管理;从管理主体角度看,是依靠人的管理;从管理目的角度看,是为了人的管理。也有学者将人本管理分为五个层次:情感管理、民主管理、自主管理、人才管理和文化管理。陈怡安教授把人本管理的核心提炼为三句话,即"点亮人性的光辉","回归生命的价值","共创繁荣和幸福"。陈怡安教授认为,这三句话是人本管理的精髓与最高宗旨。

以上对人本管理的表述虽有不同,但有一点是共同的,即人本管理不同于"见物不见人"或把人作为工具、手段的管理,人本管理深刻地认识到人在社会经济活动中的作用,突出了人在管理中的地位,是以人为中心的管理。简而言之,人本管理就是以人为本体,以人为根本,尊重人的价值,开发人的资源,以谋求人的全面自由发展为最终目的的管理。人本管理的时代含义包括两个层次:第一个层次是通过强调人在管理中的主导地位,调动人的主动性、积极性和创造性的核心思想,将资源中的人回归到自然人;第二个层次是通过以人为本的管理活动,追求组织的高效运转,实现组织目标的过程,以此来锻炼人的意志、脑力和体力,达到完善人的意志和品格、提高人的智力、增强人的体力的目的,使人获得超越于生存需要的、更为全面的自由发展。[①]

2.人本管理思想在学校管理中的实现

教师和学生是教育活动的最基本的主体和参与者,是教育活动最直接的体现者。换句话说,教育活动首先是教师和学生的活动。教育活动中的目标与各种规范等主观因素,都与教师和学生有十分密切的关系。因此,学校管理必须面对两大课题,即对教师的管理和对学生的管理。然而,学校的工作要以教学为中心。教师是教学工作的组织者和实施者,在教育教学活动中发挥主导作用,对学生的发展具有示范性与导向性影响。因此,在学校管理中,对教师的管理是最根本的管理。学校实施人本管理,关键是要做好对教师的管理。简而言之,学校管理应该以教师为本,教育教学应该以学生为本。

(1)充分认识教师的角色与劳动特点,了解教师的需求

教师在现代社会中至少扮演着五种重要角色,即传道者、授业者、

---

①张旭.学校管理漫谈[M].北京:光明日报出版社,2016.

选择者、辅导者以及协商统合者。同时教师的劳动对象的特点也决定了教师劳动的特殊性。教师的劳动对象是学生，而学生是具有能动性的人，因此，教师的劳动不等同于工厂的生产活动，不是标准化的批量生产，不能简单地按照统一模式进行，而必须根据每一个学生的特殊情况，根据学生个性发展的要求与特点，实行因材施教和一定意义上的个别教学与辅导，教师要不断调整自己工作的内容、形式和方法。这就决定了教师劳动的复杂性和创造性，决定了教师的劳动是更需要民众认同、尊重的劳动。

需要注意的是，教师也有自己的合理需求。教师的需求有共同的一面，也有独特的一面。从教师群体与其他群体的区别或特征分析入手，教师的需求结构具有物质需求的朴实性、发展需求的稳定性、自尊需求的迫切性和成就需求的强烈性等特点。从教师群体内部不同年龄阶段进行考察，就生理性需求而言，青年教师的生理性需求主要与婚恋有关，中年教师的生理性需求主要与家庭有关，老年教师的生理性需求主要与保健益寿有关；就社会性需求而言，青年教师的发展需求居于首位，中年教师的成就需求则比较突出，而老年教师的尊重需求处于显要位置。形形色色的需求和需求的变化，要求学校管理者深入调查研究，认真分析教师的各种需求是否正当合理，分清轻重缓急。学校管理者在管理中应充分尊重、理解教师，尊重教师的合理需求，尊重教师的人格，真正做到思想上帮助提高，工作学习上给予支持，生活上给予照顾和关怀，从而满足教师实现自我价值的需求。

（2）运用激励艺术，调动教师的工作热情和积极性

激励是人本管理最常用的方法。学校中的激励具体表现为尊重与承认教师的专业知识和技能，重视教师的个人贡献，奖励、承认教师的创造性想法与革新。激励时要做到物质激励与精神激励相结合、内部激励与外部激励相结合、奖励与惩罚相结合，从教师不同的需求层次与需求结构出发，有针对性地采取相应的激励措施，并且要做到及时激励，以求发挥激励的最大效用。在学校管理中充分激励教师可以调动教育教学以及参与学校其他各项工作的积极性。人本管理中常见的激

励艺术有以下六种：关心式激励、宽容式激励、期望式激励、表扬式激励、表率式激励、参与式激励。

（3）挖掘教师潜能，促进教师发展

学校管理者应对每位教师的性格特点、能力状况、工作效果、为人处世等方面的优势及劣势做到胸中有数。在工作的安排上要尽可能地寻找每一位教师能力、兴趣与工作任务的最佳结合点，善于创造机会，最大限度地发挥教师的聪明才智，力求知人善任，人尽其才。即使是对待一些缺点比较明显（如教学成绩暂时落后于人）的教师，也要持宽容的态度，不轻视、不歧视他们，不是动辄"扫地出门"，而是努力帮助他们克服不足，逐步实现自身的价值。学校管理者应把教师作为发展中心，积极创设各种条件，广开渠道提高教师队伍的整体水平。

学校应该营造有利于教师成长的学习氛围。通过开展教育科研、培训、研讨等活动，给教师专业化发展打下扎实的基础。学校要保证教师有自我进修的时间，鼓励教师挤时间学习，支持教师参加继续教育和高一级学历进修。

（4）创设有序而又自由、紧张而又宽松的工作氛围

教师要完成教学计划，必须有稳定的教学秩序作为保障。因此学校需要建立一套完整的规章制度。教师在日常八小时之外也在继续工作，诸如备课、进修及课程研究都是教学工作的延伸，往往要占用大量的休息时间。因此，学校管理者应在保证教师完成课堂教学任务的前提下，多给教师一些自由支配的时间和足够的活动空间，以便教师去探索创造，不断进步。学校唯有创造宽松和谐的环境，才能最大限度地发挥教师的积极性和创造性。因此，构建每个人都能得到主动发展的人文环境是激发教师的工作积极性和学生的学习积极性的有效措施。

（5）校长加强自身管理，"率先垂范""与时俱进"

孔子曰："其身正，不令而行；其身不正，虽令不从。"要管理别人首先要管理好自己，校长应以自己的人格魅力来影响带动教师。校长既是教师又是领导。因此，校长必须具有令人信服的思想品德修养。校长要严于律己，以身作则。凡要求教师做到的，自己首先做到；凡禁止

教师做的,自己首先不做,以实实在在的行动给教师树立榜样。坚持先人后己、公正无私,不带偏见、平等地对待每一位教师。校长只有拥有高尚无私的人格魅力才能激发广大教师的工作热情,才能确立稳固的威信,有效地领导并管理好学校。同时,学校管理者要有与时俱进、开拓创新的智慧、胆识和才干,这就需要学校管理者不断地提高学习能力,不断地自我更新、自我完善。

(二)全面质量管理思想

1.全面质量管理的概念及特点

全面质量管理(Total Quality Management,简称TQM)思想是一种新的质量管理思想,它首先盛行于西方的企业界,并很快传播到教育界,成为20世纪90年代西方教育管理的热点。全面质量管理的科学概念是由美国的阿曼德·费根堡姆和约瑟夫·朱兰于20世纪60年代初提出来的。费根堡姆认为全面质量管理是为了能够在最经济水平下进行市场研究、设计、生产和服务,是把企业各部门研究质量、维持质量和提高质量的活动构成一体的有效体系。随着全面质量管理思想在世界范围内的传播、应用和发展,它的原理和方法对于各国质量管理的指导价值得到了充分的证实。

全面质量管理具有以下特点。一是以顾客为关注焦点,强调为顾客服务,使顾客满意。全面质量管理的顾客不仅包括外部顾客,也包括内部顾客。全面质量管理主张通过在组织内外建立和谐的供求关系来达成顾客满意。二是坚持持续改进,没有最好,只有更好,把不断提高工作业绩水平看成一个永恒目标。三是实施全过程管理,在输入端、过程的不同位置以及输出端寻找测量(或检查)的机会,及时发现问题,及时纠正和改进。四是授权和参与,把持续改进建立在全体员工和外部顾客广泛参与和主动投入基础之上。五是以事实为依据决策,改掉武断行事和主观臆测的习惯。六是重视组织文化建设,建立一种追求卓越的组织文化。

2.学校全面质量管理的内涵

戴明被认为是全面质量管理的创始人和最典型的代表,所以无论是在工商企业还是在公共组织,戴明的理论和模式应用最为广泛,在教育组织也不例外。戴明于1989年总结了著名的"质量管理14要点",是其全面质量管理的指导思想,运用到学校管理中包括以下14点:创设坚定恒久的目标;采纳新的哲学;停止对检验的依赖;结束以价格为基础而行事的做法;持续而永久提高;建立在职培训;采纳和建立领导;消除恐惧;打破部门间障碍;取消口号标语;取消定量和数字目标;消除让员工引以为豪和高兴的障碍;建立富有生气的教育和自我提高计划;使每个人都为质量而转变。

3.全面质量管理的运行模式

(1)PDCA模式

该循环把质量管理和质量改进看成按照计划(Plan)、执行(Do)、检查(Check)、处理(Action)顺序的循环往复。

第一,计划阶段。通过分析诊断,制订改进的目标,确定达到这些目标的具体措施和方法。该阶段包括四个具体步骤:第一分析现状、找出存在的质量问题;第二找出产生质量问题的各种原因;第三找出产生质量问题的主要原因;第四针对影响质量的主要原因制定措施,提出改进计划。

第二,执行阶段。按预定计划、目标、措施及分工安排,分头实施。

第三,检查阶段。对照计划要求,检查、验证执行的效果,及时发现执行过程中的问题并总结经验。

第四,处理阶段。该阶段包括两个步骤:一是总结执行计划过程中成功的经验,并转化为标准加以巩固;二是将执行计划过程中的不成功或遗留问题转入下一个循环解决。

戴明认为PDCA模式是科学的工作程序,适用于各类组织的各个方面、各个环节的工作。整个组织是一个大的PDCA循环,组织的各个部门又有自己这一级的PDCA循环,每个部门内部又有更小的PDCA循环,直至落实到每一个人,形成大环套小环、环环相扣的工作体系。PDCA每循环一次,质量便有所提高,不断循环则质量不断提高。

（2）六要素模式

程凤春博士在借鉴全面质量管理新进展和教育组织全面质量管理理论与实践的基础上，从以下六个方面论述了全面教学质量管理的策略：顾客中心；过程管理；持续改进；全员参与；领导与战略；质量管理体系。以上模式简称六要素模式，该模式可以按照以下程序运行。

第一，建立规范化、文件化、系统化的教学质量管理体系，动员学校教职员工、学生、家长、社会人士等关心和参与学校教学质量活动，为学校全面质量管理奠定良好的基础。

第二，由学校高层领导确定学校的教学管理方针，并把教学质量纳入学校长远发展战略。

第三，学校教学管理部门根据教学质量管理方针和战略指定教学质量目标和教学规范，把教学规范、教学质量控制和教学质量改进三环节的循环往复作为教学管理的基本工作模式，对学校教学全过程进行有效管理。

第四，教师和教学部门按照教务管理部门确定的教学质量规范和目标向家长、学生提供教学服务和输出教学产品以满足其需求。

第五，教学管理部门运用测量和分析工具，测量、分析家长及学生的满意状况，并根据测量和分析结果，指导教学部门、教师调整和改进教学方法、教学设计，并同时向高层领导反馈，推动学校改进不足，促进学校组织结构和政策、战略的完善或创新。

第六，全校上下共同努力，在教学方法、教学设计、学校组织结构和政策改进的基础上，对教学质量管理体系不断改进，最终使满意度持续提高，学生、员工和学校持续发展。

（三）学习型组织思想

1.学习型组织的概念与特征

学习型组织思想是20世纪90年代以来在管理理论与实践中发展起来的一种全新的管理思想。

迄今为止，学习型组织尚无一个统一的定义。彼得·圣吉将学习型组织的含义描述为一个不断创新、进步的组织。在其中，大家得以不断突破自己的能力上限,创造真心向往的结果,培养全新、前瞻而开阔的思考方式,全力实现共同的抱负,以及不断一起学习如何共同学习。通过学习,人们重新创造自我。通过学习,人们能够做到从未能做到的事情,重新认识这个世界及自己跟它的关系,以及蓄积创造未来的能量。事实上,人们心底都深深地渴望这种真正的学习。戴维·加文认为学习型组织是一个能熟练地创造、获取和传递知识的组织,同时善于修正自身的行为,以适应新的知识和见解。彼得·摩尔认为学习型组织即自觉地在个人、小组和组织水平上规划学习,以此作为达到实现组织愿景、价值和战略目标的重要途径。雷蒙德·诺伊认为学习型组织是一种具有适应能力和变革能力的公司。

通过以上的分析可以发现学习型组织具有以下六个要点:一是以终身学习理论为指导,拥有终身学习的思想和机制;二是以系统思考为核心;三是学习不仅发生在个体身上,而且发生在团体和组织层面上,尤其强调组织的学习;四是构建多种学习途径,运用各种方法创造知识、获得知识和转化知识;五是形成共享和互动的学习氛围,活化生命意义,激发人的潜能,提升人生价值;六是组织必须不断地学习,不断地创新发展,提升应变能力。

学习型组织具有以下特征:一是是一种知识创新性组织,依靠知识的创造、获取和转移创造价值;二是支持个人发展,强调人的价值,员工的积极性和主动性受到激励和保护;三是强调合作,员工在一起共同解决问题、共同学习;四是具有很强的环境适应性,能对环境的变化做出迅速反应;五是传统组织向学习型组织过渡是一个过程,需要在组织机构、管理模式、企业文化等方面做出持续不断变革;六是更强调人的价值、组织实践的价值、文化变革的价值,体现了与传统组织不同的学习观和价值观。

2.学校发展的必然趋向:学习型学校

学习型组织思想是一种新的管理思想,体现了知识经济时代学校管理变化的新走向。知识经济时代学校管理的关键在于把教职工作为实现学校整体工作目标的核心和动力要素来看待,把注意力从物质转移到人这个要素上来,从传统的"教""授"与"学""习"的因素转移到人的智力、积极性等智力和心理因素上来。知识经济时代学校质量目标设计、标准确立和实施活动不是靠高层管理者的主观规定,而是由各质量管理小组及其成员的知识规定。由此,学校职能部门与业务单位日益融合,学科之间的界限日益模糊,学校教育、科研和经营管理任务只能笼统地划分到质量管理小组,故学校管理必须从个体管理转向团队管理,从教职工各自为政转向建立合作伙伴关系。就是说,现代学校管理的传统人性假说已经过时,必须寻求一种把教职工视为一批能够"自我超越的人"的人性假设。"自我超越的人"的假设是学习型组织的重要理论之一,是学习型组织的人性思想。确立了这种新的思想后,学校应自觉将教职工看作不断成长的人,并不断为其成长与发展创造条件。所以,学校要成为学习型组织是知识经济时代的要求。

3.学习型学校的构建策略

(1)加强五项修炼

加强五项修炼,就是要按彼得·圣吉提出的建立共同愿景、自我超越、团队学习、改善心智模式和系统思考等内容进行训练,这是构建学习型组织的基本功。建立共同愿景是建立学习型学校的真谛。愿景就是学校教职工共同创立的愿望、远景、目标和理想。学校建立共同愿景实际上是将教职工(含高层管理者)的个人愿景整合为学校的愿景,教职工各自的愿景经过碰撞、协同和融合,形成共同的产物,能够为学校的学习提供目标和动力,形成众人是一体的感觉,并全面根植于学校教育、科研和经营管理活动之中,其目的是将教职工凝聚在一起,激发其追求卓越的热忱,以增强学校的生命力,使学校教学由适应型向创造型转化。自我超越是学习型学校的精神基础。自我超越,就是突破极限的自我实现,是教职工(含高层管理者)个人成长必不可少的学习修炼。团队学习是发展教职工整体匹配与实现共同目标能力的过程。教职工个人价值的实现、参与感的满足、主体性的发挥都需要通过团队和群体来实现,其才华的展示、奇思妙想的闪现都是在团队学习中形成的,因而学校团队要提倡真诚交流,使学校形成一种平等、民主、自由、和谐的氛围。

（2）重视学校知识管理

学校知识管理的基本任务是管理学校的智力资本，充分运用教职工的集体智慧和才能，提高教育、科研和经营管理的应变力与创新力，以培养最佳的推动知识经济发展的人才。学校知识管理就是在学校建设知识库，形成知识共享、知识流通、知识开发与创造体系，并与合作竞争伙伴结成知识联盟。

（3）变革学校组织管理

变革学校组织管理就是通过再造对原有学校进行组织要素整合，建立新的有机组织的设计和实施过程，具体包括以下要点：一是以扁平化的组织结构取代传统的垂直型的组织结构；二是优化教育、科研、经营管理流程，提高工作效率，节约时间成本；三是在交叉功能小组中建立质量管理小组等柔性组织，以消除教育、科研和经营管理活动中应变力差的弊端，有效地做出灵活反应。

（4）学校领导者转变角色与领导方式

在学习型组织中，学校领导者是设计者、服务者和训导者。作为设计者，学校领导者不只设计组织的结构和组织的政策、策略，还设计组织发展的基本思想。作为服务者，学校领导者应具备实现目标的使命感，能自觉地接受目标的召唤。作为训导者，学校领导者的首要任务是了解真实情况，协助人们对真实情况进行正确、深刻把握，提高他们对组织系统的了解能力，促进每个人学习。在传统的学校中，校长领导方式是给教职员工明确的方向，领导学校成员追求并力争达成教育目标，当学校发生重大事件或遭遇危机时，校长必须成为危机处理者。然而，在学习型学校中，共同目标的达成与危机的处理是学校每个教职员工共同的责任。首先，学校校长要重视学习的价值，建立学习的气氛，以促进成员学习；其次，校长要率先做一个学习者，创设学习的环境，促进合作学习，增进学校教职员工对复杂问题的认识和解决能力；最后，校长应协助教职员工拥有厘清动态复杂现象、建立共同愿景，以及改善成员心智模式的能力。

　　总之，现代学校管理思想是人本管理思想、全面质量管理思想、学习型组织思想的融合，把师生的发展放在管理的中心位置，为学生创设轻松愉快的学习环境，为教师创设自由有序、宽松愉悦的工作环境，遵循民主管理原则，做到"管"是为了"不管"，充分发挥被管理者的主动性和自觉性。这样，才能实现学校、教师、学生的共同发展。

第二章 健全学校日常管理

第一节 坚持正确办学方向,加强日常规范管理

有明确的办学方向和办学目标,是管理好一所学校的首要条件。任何一所学校的校长都应该树立关于所在学校的发展蓝图和长期规划,只有这样才能真正做到全面贯彻教育方针,彻底落实素质教育,重视学生的个性能力培养。

一、指导思想和办学目标

以国家、省、市等各级教育行政部门颁布的中长期教育改革和发展纲要为指导,全面贯彻落实科学发展观,全面实施素质教育,执行新的课程标准,坚持"以德立校,依法治校,质量强校,科研兴校,特色办校"的办学思想,改革管理体制,改革教学工作,实施阳光办学。注重增强学校办学实力,注重课堂教学改革实验,注重科学规范管理,把学校建设成具有鲜明特色的、学生向往的、家长放心的、社会满意的、现代化的省示范学校和全国知名学校,实现学校稳定、和谐、可持续发展。

二、学校建设

(一)以创先争优活动为核心的党组织建设

认真学习相关文件,按照地方统一部署,加强学校党建工作。

第一,建立保持共产党员先进性教育活动和创先争优活动的长效机制,切实加强学校基层党组织的思想建设、组织建设和党风廉政建设。

第二,加大对优秀人才的培养力度,努力把德才兼备的青年同志吸

引到党组织中来。坚持"成熟一个、发展一个"的原则,不断壮大学校基层党组织队伍,以充分发挥共产党员的模范带头作用,为学校的科学和谐发展提供坚实的基础。

(二)高质量的干部队伍建设

高质量的干部队伍建设是关键,只有建设一支过硬的干部队伍,才能形成风气正、学风浓的良好校风。

第一,充分发挥学校党总支的政治核心作用。坚持加强对学校工作的政治领导,参与和监督学校的重大决策,监督好班子成员的从政行为,保证教育方针贯彻执行,保证科学发展观的落实,确保办学方向正确,要创造条件、形成氛围,给有能力的人提供展现能力的平台,给肯干事、干好事的人提供舞台,引导班子成员奋发有为,高标准地履行好岗位职责,在学校的科学发展中发挥应有的作用。

第二,坚持以人为本,倡导"研究先于决策,服务大于领导,协调多于控制,观念重于方法,环境优于制度"的管理理念,构建现代学校的干部管理体制,使学校逐步达到"管理规范,决策科学,运行协调,质量上乘"的新境界,充分调动教职工的积极性、组织性和创造性。

第三,加强党风廉政建设、反腐败工作和组织责任分工,卓有成效地实行党务公开和政务公开。

第四,领导干部继续发扬"民主科学,团结勤奋,以身作则,真抓实干,率先垂范"的工作作风,时时刻刻对照"五个坚持"组织开展好分管部门的工作。"五个坚持"具体包括以下内容:一是坚持管理讲制度,办事讲原则,工作讲程序,服务讲诚信;二是坚持读名著、钻业务、比节俭、练身体;三是坚持深入教学一线,每天听一节课、评一节课、找一个学生谈话、跟一个教师交流;四是坚持每周参加一次教研活动、写一篇教育教学日志、主持一次部门例会;五是坚持值周巡检、带头抓教育教学管理、带头遵章守纪。

(三)高素质的教师队伍建设

高素质的教师队伍建设是根本。继续以强化师德师风为抓手,走内涵发展的道路,努力建设一支适应未来教育发展要求的高素质的新型教师队伍。

第一，开展丰富多彩的师德建设活动。在教师中广泛开展"讲师德、正校风、强素质、树形象"的师德教育活动，大力倡导广大教师把做学问与做人统一起来，在行为上做学生的表率，在事业上做学生的榜样。

第二，继续开展"名师工程"，加快培养步伐。加强"名师工程"的创新建设，确立青年教师"一年过关规范、两年胜任熟练、三年能挑重担、五年力争骨干、十年名师风范"的培养目标，采取"结对子、压担子、搭台子"的策略，鼓励青年教师争当学科带头人，争做名师，为青年教师的成长、成才、成名创造机会，促进教师队伍的整体优化，使其成为学校发展的主要力量。[①]

(四)德育为先的行为养成建设

学校始终突出德育工作的首要地位，把培养学生良好的行为习惯贯穿学校德育工作始终。

第一，建立健全德育管理的组织体系，实施全员、全过程、全方位的育人战略，建立"学校—家庭—社会"和"学校—政教处—全体教职工"共同参与的德育网络，充分挖掘教育资源，不断创新德育形式，从大处着眼、小处着手，从一点一滴小事抓起，从最后一名学生抓起。

第二，加强班级自动化管理。在班级管理中开展值日班长轮流制、学生量化操行考核制，健全班级日常规、月常规、学期常规。加强对学生的心理辅导和个案研究，培养学生良好的行为习惯，使学生拥有健康向上的心理和精神面貌。

第三，加强德育队伍建设，不断提高德育队伍的专业水平。定期举办班主任论坛，召开德育创新专题研讨会，汇编班主任案例集，有效开展班主任先进工作经验交流活动，切实提升德育队伍的软实力。

第四，切实开展丰富多彩的校园文化活动，让学生在活动中体验，在活动中发展。

---

①赵国忠,李添龙.学校学生的规范化管理[M].合肥:安徽人民出版社,2012.

（五）以课题为载体的教育科研建设

加强教育科研工作的组织和管理，不断完善教育科研工作的规章制度，构建合理有效的学科组教育科研管理运作模式，建立健全学校教育科研激励和考评机制，全面加强课题研究过程的督察和管理，使学校教育科研工作制度化、规范化、科学化和系列化。进一步推进学校教育科研与全面实施素质教育、深化课程改革、改进教学方法、建设校园文化相结合。深入开展读书活动，加强教育教学理论学习，高质量办好教育科研专题活动，提高全体教师的科研能力和水平，提高教师队伍的整体素质。不断壮大教育科研骨干队伍，在"名师工程"打造上实现新突破。积极加强与兄弟学校在教育科研方面的合作交流，有效发挥名校的示范辐射功能。

（六）教育教学质量建设

育人是学校的根本，质量是学校的生命，牢固树立教学在学校工作中的中心地位。

第一，加大教学投入，实行教学质量的全面管理。确立质量目标，加强质量监控，引导教师把眼光放在质量上，把功夫下在备课上，把基础放在个人素质提高上，把关键放在教学方法改革上，把目标放在"学困生"的辅导和尖子生的培养上，把效果显现在课堂上。教师要依据考纲，紧扣教材，精讲精练，培养学生的自学能力。教学思想要坚持面向全体，注重个体，全面发展。教师备课要做到"胸中有纲，腹中有书，目中有人，心中有法，脑中有案"，引导学生明确学习目标，使学生端正学习态度，掌握科学的学习方法，养成良好的学习习惯。

第二，抓好课堂常规工作的管理和落实。继续完善教学管理的各项制度，优化管理措施，落实管理细则。教师的备、教、改、辅、考、评、教学反思等，要落到实处，不能走过场。确保督促到位、反馈到位、评价到位、改正到位。教师要树立终身学习的习惯，形成扎实的理论基础和专业技能，更新教学观念，改进教学方法，构建思考的课堂、互动的课堂、体验感知的课堂，努力促进教学三维目标的实现，为全面提高教学质量打下坚实的基础。

第三,优化课堂教学结构,打造高效课堂。教师要牢牢地把握和全面落实教学的要求、教学模式和新的课程标准,优化教学环节,将其有效结合,融为一体,向课堂要效益、要质量。

(七)以绩效考核推动的管理机制建设

向管理要效率,积极完善现代学校的管理机制建设。

第一,完善校长负责制,健全管理制度。学校设立职能科室、教研组、备课组等管理机构,实行全员聘任制,强化并完善各岗位责任。

第二,建立高效的激励机制,推进学校绩效考核制和绩效工资制。充分发挥绩效工资分配的激励和导向作用,设计学校绩效考核办法,完善内部考核制度。坚持多劳多得,重点向一线、骨干教师和取得突出成绩的教师倾斜,实施全员绩效考核和绩效工资制,使广大教职员工保持良好的精神状态和饱满的工作热情。

(八)校园文化建设

校园文化是学校办学实力和核心竞争力的重要组成部分,是一所学校办学特色的重要体现,是一所学校的灵魂。在学校发展的关键时期,进一步培育、提炼、弘扬校园文化,是实现新发展目标的需要,是凝聚人心、提高学校核心竞争力的需要。可以从物质、精神、制度三个层面加强校园文化建设。

1.物质层面

花草树木、名言警句图、人物画像、宣传窗、黑板报、校园雕塑、学生作品展、卫生设施等。

2.精神层面

重视师德师风建设;开展尊师敬老教育;开展爱国、爱校、爱生教育;巩固良好的学风、班风、校风,并使之得以升华;培养师生进取、向上的精神;提出学校办学理念与育人目标;创设学校精神,形成良好的舆论导向;形成自身的办学传统与特色;在校园内提升民主意识、竞争意识与进取意识;开展世界观、人生观、价值观和理想信念教育;培养师生的社会责任感和历史使命感;开展心理健康教育与性健康教育;开展人文科学精神教育;重视师生个性化发展。

3.制度层面

开展教育教学改革;健全各种机构,完善规章制度;制订学校办学规划与各学期工作计划等。

(九)安全为首的平安校园建设

校园安全是第一要务。应进一步加强校园综合治理,确保校园平安和谐,具体可以采用以下措施。

第一,开展形式多样的法制教育活动,教育学生知法、懂法、守法,提高学生运用法律武器保护自己的能力。

第二,加强师生的安全教育,落实安全责任,提高师生安全预防和自救能力,组织开展各类安全演习活动。

第三,完善安全管理制度,层层签订安全责任状,落实一岗双责制,坚持"谁主管,谁负责"的原则。创新的安全管理体系,实行安全工作一票否决制,确保各项安全目标的实现。

第二节 依法治校

依法治校是依法治国和依法行政在教育领域的具体体现和实践,是深化教育事业改革、推进教育事业全面发展、全面贯彻党的教育方针的重要组成部分。

实行依法治校,就是要全面贯彻教育方针,坚持教育为社会主义现代化服务、为人民服务,与生产劳动和社会实践相结合,培养德智体美劳全面发展的社会主义接班人。

全面深入学习法治知识,是依法治校的基础。要积极维护师生的合法利益,维护学校稳定和师生安全,树立"预防为主,标本兼治,突出重点,综合治理"的工作思想,始终把依法治校、依法执教、依法育人工作作为头等大事列入学校的工作日程和整体规划之中,定期研究,总体部署,努力做到抓实、抓严、抓好。另外,为激励教职工的积极性,学校可以要求工会每学期组织写心得体会,开展依法治校先进评选活动,并组织教职工参加普法知识竞赛,从而增强教职工的法治观念,为全力推行依法治校、依法执教奠定了良好的基础。

学校可以开设法制教育课。组织丰富多彩的法制教育活动,从而提高学生的法律意识,让学生懂法、爱法、守法、护法,在需要时懂得用法律保护自己。学校可每年组织学生观看预防青少年犯罪、交通安全等教育片,让学生从真实的案例中受到启迪,吸取教训,珍爱生命。

一个好学校不单单要创建绿色整洁的校园,更要创建拥有优良校风、教风和学风的文明校园。坚持以德立校,重视学生的法制教育,创建"学校为主体,社区为依托,家庭为延伸"的"三位一体"的法制教育工作脉络,引领全校师生远离犯罪,走向文明,为构建法治社会奠定基础。[①]

总而言之,依法治校不只是遵守法律条文,而是在管理制度和管理方法中体现法治精神。依法治校不只是一项宣传内容,更是全面提升管理水平的有效途径。依法治校不仅指在管理中应当遵守法律条文,按照国家法律法规开展教学活动,而且指通过不断努力完善管理制度,实现学校管理与运行的制度化和规范化,依法保障学校、教师、学生的合法权益,在管理制度中体现法治的精神。

第三节 加强学校规范管理与全面推进素质教育

一、促进均衡发展,创办公平教育

为了更好落实素质教育"面向全体学生,让学生全面发展"的总要求,高中学校要坚持"阳光创建"工作,教务工作、党务工作都要实行阳光操作,凡属于学校发展的重大问题,涉及师生切身利益的焦点、难点

---

①陈丽,宋洪鹏.北京普通高中校长眼中的现代学校治理体系建设[J].中小学管理,2015(3).

问题,都可以通过校园网、公示栏、校报、职工大会、家长会等多种渠道向教师、学生、家长公布。

(一)阳光收费

学校要严格按照教育局下发的收费通知单收费,并及时在校务公开栏向社会公开。每年校长都要到教育局汇报,向各方汇报学校办学成本和办学效益,办学成本中的每项收入和各项支出都要用具体数字逐项说明,接受全社会监督。

(二)阳光分配教师和学生

学校把教师均衡分配到各个年级,将学生均衡分组,在教师、学生、学生家长、媒体共同监督下落实机会均等的原则。

(三)阳光执教

学校严格执行课程计划,课堂全天向家长开放,家长随时可以到校听课。阳光执教极大地调动了教师积极性,调动了广大家长参与、监督学校管理的积极性。学校办学行为更加规范,也让广大教师、学生、家长充分享受到公平教育带来的快乐。

二、优化教学,促进全面发展

学校要严格执行课程计划,落实课程标准,开齐、开足课程,做到主科不增,副科不减,面向全体学生,促进每个学生全面发展。同时紧紧围绕课堂教学改革,努力实现让百分之百的学生合格,让百分之百的学生升学,让百分之百的家长满意的目标。优化教学各个环节,加速课堂教学结构调整,提高教学质量,打造高效课堂,促进学生主动、健康、均衡、协调发展。

优化教学全过程,打造高效课堂,可以从以下几方面入手。

第一,优化课前准备。这是奠定课堂教学成功的基础。抓好学生的三级预习,切实培养学生的预习习惯;抓好教师的三级备课,切实提高备课质量;教师为营造适宜的课堂气氛做好准备。第二,优化课堂时间,提高课堂效率。要加倍地珍惜课堂时间,探索出高效的教学结构。第三,优化课内的自学指导,促进学生有效自学和思考。第四,优化课内答疑解惑环节,促进学生有效质疑。第五,优化课内检测训练,促进学生有效巩固和应用。第六,优化课后辅导,确保进一步落实教学目标。第七,优化课堂教学的评价标准,实现教学评价的正确导向。[1]

三、规范管理机制,评价科学合理

认真实施学生综合素质评定工作,设计科学的教师工作和学生学习评价体系,不以考试成绩作为主要评价指标,而是用新课程标准和课堂教学模式构建课堂教学评价体系,把评课重心放在关注学生发展上。评课时既要注重教学效果,更要重视教学过程。教师应围绕教学内容,确定教学目标,选择教学方法与手段,展示教学基本功与个性,使课堂教学评价主体从教转向学,从形式转向效果,从单一转向多元,从结果转向过程。由原来重点看教师精彩讲解、教师基本功、完备的课堂环节、师生的交流互动转变为看学生是否全部参与了课堂活动,是否真正进入了学习状态,是否主动交流和展示自学成果,是否真正具有听、说、读、写的习惯和能力,是否真正达到会学、乐学、学会。由按师生学科成绩高低排榜转变成按师生进步幅度排榜,以此来衡量学生的学习效果和教师的教学水平。总之,学校的根本任务是培养人才。质量是生命,创新是核心。

第四节 与时俱进,加强学校各方面管理工作

一、统一思想,认清形势,增强加快学校发展的责任感和紧迫感

要在各级地方政府和上级主管部门的领导下,在全体师生的共同努力下,以教育管理体制改革为先导,狠抓教学质量,大力创建品牌学校,加强教师队伍建设,提高教学质量和办学效益,增强教育综合实力。

随着广大学生家长对学校的教育工作提出了更高的要求,从全局

---

①计军军. 规范学校学生管理 加强学生自主管理[J]. 教育教学论坛,2014(47).

来看,有些高中在收费管理、安全管理、教学管理等方面存在薄弱环节:教学质量管理仍不够高效,相对较低的课堂教学水平已成为质量根本问题,比如课堂教学的优良率相对较低;教学总体质量与评估指标还有一定距离,推进课程改革的步伐急需加快;部分教职员工教育观念相对陈旧,学校管理制度不够规范,管理效率相对较低;部分领导干部远离教学第一线,对教学过程、教改动态不了解,对教学质量监控不到位,学校管理水平急需进一步提高。为更好适应新的发展要求,努力提高教学质量和办学水平已成为高中教育工作的头等大事,成为当前教育工作的重中之重。

加强学校管理,努力提高管理水平是提高教学质量和办学水平的基本保证。为此,高中校长必须进一步提高学校的管理水平和管理效能。有一个好校长、好的领导班子,就会有一个好学校。校长良好的管理水平、班子良好的管理能力,是学校健康快速发展的根本保证。校长要认清形势,进一步增强学校发展的责任感和紧迫感,将思想高度统一到提高教学质量、加快学校发展上来,以提高自身管理水平为基础,以加强学校管理为切入点,以提高学校教学质量和办学水平为核心,认真履行自身职责,切实加强对学校工作的领导,努力提高管理水平和管理效能,做到向管理要稳定、向管理要质量、向管理要发展,扎实推进学校各项工作。

二、把握重点,遵循规律,切实加强学校管理

(一)加强学校安全管理

加强学校安全管理,确保学校稳定,是学校健康发展的前提。安全无小事,责任重于泰山。学校安全工作,怎么强调都不过分,怎么落实都不为过。不管遇到什么困难,都必须切实抓好这项工作,要时刻绷紧安全工作这根弦。校长作为学校安全工作第一责任人,要将安全工作放在学校工作的重要位置,并常抓不懈。对安全管理的制度建设、措施落实、风险规避等方面的工作,校长在学年初就必须做到胸中有数,在工作中把握好安全工作的关键环节,抓好各项安全工作的落实,严格查

堵安全管理漏洞,严防事故隐患,把安全风险降到最低,确保学校师生生命财产安全和学校稳定。

(二)加强学校财务管理

学校财务管理责任十分重大。学校财务管理主要包括学校收费和经费使用两个方面。在每个学期开学之初,都要对学校收费进行专门强调,最好每年都组成联合调查组专门检查学校收费工作和财务管理工作。校长要进一步提高认识,从教育反腐的高度,从依法治校的高度,严格执行财经政策,按照"谁主管,谁负责"的原则,贯彻落实好"一费制"管理要求,切实加强收费管理工作,杜绝一切不合理收费。

要加强对学校经费使用的管理,切实提高经费使用效益。要本着节约的原则,按照制度和规定使用经费,加强对经费使用的监督,进一步规范学校财政工作,以此促进学校规范化管理。因此,希望各位校长认真学习财务知识,熟悉财务政策,同时选择专业会计理财。

(三)加强教学质量管理

教学质量是学校管理水平的综合体现,是办学水平的核心要素。教学质量直接体现着学校的领导班子建设、教育教学管理、教师队伍建设、学生能力培养等方面的水平和成果,是学校创立品牌、扩大社会影响、谋求社会支持和实现可持续发展的前提和基础。在学校管理过程中,要坚持"硬件从实、软件从严"的理念,学校硬件好,不代表教学质量一定就高,学校硬件不好,也不代表一定不能出好成绩。办学条件可以在短期内通过资金的集中投放得到改善。硬件投入有多有少,有的是校长决定的,有的则与校长没多大关系。而针对教育教学质量必须全心投入,只能多不能少,且要随着实际情况不断改进,年末成绩就是对校长及教职工的回报。

提高教育教学质量是学校生存发展的第一要务,教学质量是学校的生命线。不重视质量的校长不是好校长,抓不好质量的校长是不称职的校长。校长要紧紧把握住提高教学质量这个核心,遵循教育发展规律,遵循教育质量形成的规律,采取有效措施组织开展学校的一切工作。[1]

①余斌.普通高中"问题学生"管理现状与对策研究[D].上海:华东师范大学,2011.

校长要树立大局观,具有前瞻性思维和系统性意识,要树立科学、全面的质量观,始终坚持以抓好基础年级和起始学科为基础,以抓好毕业班工作为重点,以抓好各学段衔接为纽带,加强教学过程管理,形成科学的质量管理序列。此外,校长要加强教育质量形成过程监管,落实教学质量控制措施,实行全程管理、全员管理,把各项工作抓紧、抓细、抓实,做到向过程要质量、向管理要质量、向效率要质量,努力提高学校的教学质量和办学水平。第一,只查作业和教案,不如长期听课、评课,一天多听几节课,教师情况一目了然。第二,家访可以更好促进了解,互相了解信任是提高质量的有效途径。第三,通过家长座谈会调动家长参与学校教学管理的积极性,这样可以提高学校的管理水平,找出不足。第四,校长要加强对新课程改革的领导,加快实施新课程改革。随着新课程改革的全面推进,考试命题的精神由知识立意向能力立意逐步转变,校长要牢固树立只有在新课程理念指导下才可能培养出高素质人才的观念,切实加强对新课程改革的领导,在时间和资源配置等方面提供有力支持,组织开展有针对性的教育管理和教学活动,全面提高学生的创新精神和实践能力。第五,现代教育技术的广泛应用,是学校教育教学改革的必然需要。要加强教师计算机能力的培训,开放微机室,举办课件制作竞赛,促进教师计算机辅助教学能力的提高。

要充分发挥学校德育工作的动力和保障作用,完善德育工作机制,进一步加强和改进德育工作,探索德育工作的方式方法,改进德育内容,让德育工作系列化。要用好校风、好班风影响学生。要加强学生心理健康教育,充分发挥学生非智力因素在考试中的作用,切实提高学生的综合素质。要加强教研和教育科研工作,走科研兴教、科研兴校的路子。校长要高度重视教研工作,切实加强对教研工作的领导,在经费、人员、制度、效果评估等方面为教研工作创造良好条件。

(四)加强教师队伍管理

保持教师队伍的相对稳定和高素质,是实现教育可持续发展的基本前提。每位校长要切实承担起责任,加强对学校教师队伍的管理,加强对教师的引导,让教师安教、善教、乐教。学校要关心教职工的工作和生活,切实解决他们的问题,做到"事业留人、感情留人"。要建立有利于教师发挥积极性的工作机制和教师内部协作机制,重视教师内部激活,强化教师的团队精神,做到事得其人、人尽其才、才尽其用,为教师的专业发展营造良好的外部环境,形成有利于学校发展的整体合力。

三、加强学习,明确责任,履行职责,切实提高自身素质

学校实行校长负责制这一管理体制。校长是学校各项工作的组织者、决策者和责任人。因此,要想提高学校的管理水平,校长是关键。

(一)明确职责,恪尽职守

校长是学校工作的第一责任人,要进一步强化责任意识,落实法人责任,突出对学校工作的统筹、协调、指挥、决策作用,切实担负起领导责任,加强学校常规管理,确保学校安全、稳定。

(二)加强学习,提高管理水平

校长是学校各项工作的组织者、管理者和指挥者,其素质高低关系到学校能否实现健康快速发展。校长只有加强学习,才可能较好适应工作要求,出色履行工作职责。尤其是在目前教育改革方兴未艾的形势下,如何适应新形势的要求、提高自身素质,成为校长需要重点关注的课题。校长要加强对教育方针政策、法律法规、现代教育理论和现代管理理论的学习,不断提高政治思想素质和业务技能,提高驾驭全校的能力和解决复杂问题的能力。在新课程的实施过程中,校长作为组织者和指挥者,要加强教学实践,适时投身教学一线。通过调查可知,校长不从事一线教学工作的现象具有一定的普遍性。校长如果不投身教学一线,就无法全面掌握和准确了解教学过程和教学改革动态,就无法对学校教学质量实施有效的指导和监控,全面提高教学质量更是无从谈起。原则上,校长要承担一定的一线教学工作(课时不限)并形成制度。校长只有深入教学一线,才可能对教学质量实行有效监控。

（三）加强班子建设，形成领导合力

学校领导班子是学校工作的核心力量，强有力的领导班子是学校教学质量提高的基本组织保障。团结和谐的领导班子才是好的班子，出成绩的领导班子才是好的班子。各学校要结合保持党员先进性教育活动的深入开展，切实加强学校领导班子建设。校长作为领导班子带头人，要以身作则，勤政廉政，切实发挥模范带头作用。领导班子要加强制度建设，建立和完善民主集中制和层级管理相结合的工作机制，加强集体领导，提高决策水平。党支部要充分发挥监督作用，促进领导班子水平的提高。要加强后备干部培养，为学校的长远发展和教育事业的发展储备干部资源。要进一步实行校务公开，扩大教职工的知情权、参与权和决策权，自觉接受监督，推进学校管理工作的民主化和科学化，形成加快学校发展的整体合力。

（四）真抓实干，落实措施

学校发展目标能否实现，在于是否落实。学校要在措施落实上多下功夫，调动一切积极因素，实现全员管理，提高管理水平和管理效能，全面提高教学质量和办学水平。

总之，学校发展的重任落在每个人的肩上，更落在校长的肩上。加强学校管理是校长的一项长期而艰巨的任务。校长应认清形势，统一思想，进一步增强加快学校发展的责任感和紧迫感，紧紧把握工作重点，遵循教育发展规律，以专家意见为指导，结合学校工作实际，以加强学校管理为切入点，扎实开展工作，努力提高学校管理水平和管理效能，努力提高教学质量和办学水平。

第三章 重视学校教学管理

第一节 建设学校中层干部队伍

要想真正提升一所学校的竞争力,真正加强学校常规管理,首先要有一位善于管理的好校长。在日常管理中,好校长往往把管理重点放在中层干部队伍上。这是因为学校中层干部是教师团队的管理者,他们有学校授予的行政权力;很多中层干部同时是教育行业的典范,在学校中扮演着非常重要的角色。在学校管理中,如果没有高素质的中层干部的协助和配合,校长要想实现"校园和谐及优质教育"的目标,无疑会十分困难。也就是说,如果有一支素质较高、和谐团结、工作主动的中层干部队伍,校长工作将得心应手、如虎添翼。那么,如何建设一支执行能力强、工作效率高的中层干部队伍呢? 就此问题,笔者看法如下。

一、构建校本管理机制

为了科学、有效"经营"人才,消除干部任免引起的心理冲突,引领中层干部专业化成长,笔者建议构建一套校本管理机制。

(一)竞聘——确保能者上位

学校中层干部竞聘上岗。首先,由校长室公布学校中层干部的职位数,采用群众推荐和个人自荐的办法,确定每个岗位的候选人。其次,每个候选人在"自我展示台"上陈列反映自己成绩的材料,进行竞聘演讲,与全体教师对话。最后,组织全体教师对候选人进行投票,按得票多少产生每个部门的领导。要保证所有的操作程序规范、科学,让真正有才能的后备人选脱颖而出,进入中层干部岗位。

(二)分工——确保上岗者有事干

学校中层干部分工要十分明确,防止分工失误造成工作重复或管理盲区;每个中层干部都要十分清楚自己的工作职责,知道自己的服务对象。只有这样,中层干部上岗后才有事可做,工作起来才能胸有成竹。当然,这种分工是建立在互相协作的基础之上的。

(三)历练——确保上岗者有能力干

为了提高中层干部的工作能力,可让他们在岗位上摔打锤炼,在"赛马"的过程中增长才干。一是要加强学习,提高个人修养,增强责任感和使命感,提升境界,开阔眼界,增强团队凝聚力;加强组织管理方面的学习,培养灵活而扎实的管理技能。二是在实战中操练、反思。"使用"就是最好的培养,工作中要为中层干部的进步提供广阔的天地,为他们"压担子",培养他们独立工作的能力。

(四)考核——确保上岗者愿意干

对中层干部实行动态管理,客观、公正地评价他们的工作。加强对中层干部的考核,以考核促能力提高,以考核鼓工作干劲,以考核结果奖优罚劣,这样才能保证中层干部全心全意工作。考核时应把平时考核与定期考核、能力考核与绩效考核结合起来,把考核结果作为再聘的依据。在中层干部中实行"三干"并存、动态转换的机制,即把中层干部依据考核结果分成优秀干部、合格干部、试用干部,并实行动态转换、到期换届的更迭制度。①

二、引导中层干部形成正确的角色认知

在实际工作中,可以发现,中层干部在角色认知上存在偏差,存在管理角色错位的现象。校长要引导中层干部形成正确的自我认知,纠正他们在角色认知上存在的偏差,把握好自己的管理角色,这样才能让那些中层干部真正起到中流砥柱的作用。

---

① 赵敏丽,姜敏. 多维度提升新时代高校中层干部胜任力[J]. 邵阳学院学报(社会科学版),2020,19(6).

（一）防止"向下"错位现象

部分中层干部仅把自己当作教学骨干,忘了还有一大职责——率领整个部门的人去完成工作。这类人常以教师的眼光看待问题,对管理工作持淡漠态度。许多中层干部为了获得教师的支持,时常把自己当作"教师代表",老想扮演"老好人"。当教师抱怨的时候,这些中层干部马上站出来打抱不平。他们往往把责任推到校长那里,甚至与抱怨的教师想法一样。这样做给普通教师的印象是,学校里的中层干部就是替教师说话的,是代表教师利益的,学校问题之源都在校长。其实,中层干部不应急于表明自己的态度、发表评论,更不应急于跟教师所抱怨的事情划清界限,而是要选择客观中立的立场,鼓励大家将自己的意见讲出来,然后做出正确解释和说明。这样,中层干部的角色自然而然地就是代表学校听取大家意见的人了。

（二）纠正"向上"错位现象

应该说,中层干部在学生、家长和教师层面有着比学校校长更大的信息量,因此,他们为学校提出一些合理化的建议供校长决策参考是可行的,这也是其义不容辞的责任。但是,有些中层干部在自己的建议没有被采纳时就觉得校长有问题,甚至只要认为校长的决策不对就不执行、敷衍执行、拖延执行或者按自己的想法执行。其实,中层干部与校长所处的位置不一样,工作的重点不一样,思考问题的方式方法也不一样。如果把学校形象地比作一个人,校长犹如人的大脑,要把握方向、构筑愿景、策划战略,中层干部则是脊梁,主要任务是协助大脑传达指令、完成操作,并指挥四肢（教师）有目的地选择执行途径、优化工作流程,将校长意图和战略决策更好地贯彻到实际工作中。再好的战略和决策,如果没有一支执行能力强的队伍去执行,最终只能不了了之。没有执行力就没有竞争力,中层干部"向上"错位,弱化执行力,是制约学校发展的最大瓶颈。

（三）消除"垄断"错位现象

有些中层干部被授权分管学校某个部门或者年级的时候,会出现"垄断"现象。这样的人往往是学校的"元老",由于长期分管学校某个部门或者年级,掌握着该职位的全部资源,无论是内部组织工作还是外部协调工作,都由其一人负责。有时,个别中层干部为了个人和小团体的既得利益,通常以本部门利益为中心,而较少考虑学校的整体利益。这些都是"垄断"现象。我们必须明确职位是为工作流程服务的,校长应该警惕中层干部职位"垄断"问题并对此做出深入思考,想办法加以解决,还学校一个流畅的工作流程和舒心的工作氛围。

角色认知是指处于一定社会地位的个体对自己和他人所扮演的角色及其规范的认知,以及对角色扮演是否适当的判断。一般来说,个体都是在角色认知的基础上,按社会对角色所特有的期望,表现出一系列角色行为,使角色扮演合乎一定的角色规范。因此,角色认知是否准确,决定了个体能否良好地适应社会。如果中层干部不能对自己的角色形成正确认知,掌握不好角色规范,必然会表现出种种不符合其角色规范的行为,从而影响学校工作的开展,极易使学校管理陷入误区,而且容易造成中层干部强烈的心理冲突。所以校长应该帮助中层干部,强化他们的角色意识、责任意识、效能意识、管理意识,使错位的归位、缺位的补位,从根本上消除思想上的障碍,提高学校执行力。

三、巧妙化解中层干部之间的矛盾冲突

日常工作中不可避免地会产生矛盾,校长处理中层干部之间的矛盾也是不可避免的。冲突不会自行消失,如果校长置之不理,冲突只会逐步升级。校长有责任维护校园内的和谐气氛,化解矛盾冲突。

(一)暗中解决

不少人都爱面子,认为私下解决就是给矛盾双方保留了面子,因此,一旦出现矛盾,就尽量选择私下解决。但有些不会伤及双方面子,同时有普遍教育意义的矛盾事例,可以公开解决,以起到警醒其他中层干部的作用。

(二)原则性和灵活性相结合

所谓原则性就是不能侵害学校利益,所谓灵活性就是解决矛盾的方法不能千篇一律,不能教条式地解决问题。有些矛盾要防患于未然,

有些问题则可以在事情发展过程中加以解决。

（三）不是工作矛盾，不要轻易介入

现实中往往有一些矛盾不是工作矛盾，而是私人生活上的矛盾，校长不要轻易介入这类矛盾。如果这些非工作矛盾确实对学校工作产生不良影响，那么校长应从恰当角度做思想工作，必要时做善意提醒。

一般来说，即使矛盾得以解决，或多或少也会留下"后遗症"。一个高明的校长应对学校每一名中层干部的特点、个性等了如指掌，在日常工作中巧妙安排，尽量做到人员之间的互补和融合。

第二节 加强教学常规管理，促进教学质量提高

精彩来自细节，细节决定成败。教学常规是对教学过程的基本要求，落实教学常规是学校教学工作得以正常有序开展的根本保证，只有做好教学常规管理才会有成功的教育。

一、精益求精的教学常规工作要求

（一）认真备课

认真备课是提高课堂效率的前提，学校应要求每位教师备课到位，提前按课时写出规范性教案，做到"四有""四备"，即脑中有课标、胸中有教材、心中有教法、眼中有学生，依照课标、紧扣课本设计课堂教学结构，备导言、备板书、备提问、备练习。近年来，教育界一直提倡教师在备课活动中撰写教学反思。通过撰写教学反思，教师每上完一课都能够从点和面上反思自己的教学行为，有利于实现让教师使用教案而不是一味抄教案的目的。

（二）认真上课

要想提高教学质量，关键是要提高课堂效率。为了及时了解课堂教学动态，学校领导应走进课堂，随堂听课，以督促教师重视平时的课

堂教学。行政领导不仅要听课,课后还应随机检查教案,看教师是不是按教案上课,同时可以检查学生的作业,了解学生的作业情况及教师的批改情况。听课后,行政领导应与教师耐心交流,肯定其成绩,指出其不足,引导教师把新课程的理念渗透到平时的教学中,督促教学相长。

(三)认真批改作业

对作业的要求是作业量要适度,质量要高,格式要严,批改讲解要及时。各学科的作业格式、书写规范、订正规矩,都应做出严格要求。同时,学校要提出教师不准不批改作业、不准只用"×""√"等符号来简单批改作业等硬性规定。教师布置作业要精挑细选,符合学生实际,提倡布置延时性作业、个性化作业,凡是学生的作业都要精批细改,有批阅日期、批阅等级,有一定的激励性评语,要使用统一规范的符号进行批改。学校应每周组织教师定期进行作业检查,发现问题要及时反馈。

(四)认真辅导

学校辅导对象包括学优生和"学困生",要真正做到培优辅困。教师辅导时要热情耐心,尤其要关心学习有困难的学生,激励不同水平的学生不断提高学习水平。教师每学期应制订辅导计划,对学生进行现状分析,因人而异设计详细的辅导措施,并对学生进行阶段考查等,不放弃每一个学生。学期末应对一学期的辅导情况进行总结、分析,为今后的辅导不断积累经验。

(五)认真组织检测

各年级按学科及时组织单元检测,期中、期末按照学校要求统一进行质量检测。检测内容应紧扣单元知识的重难点,合理编排,难度适宜,体现实践性、发展性和综合性,真正考查学生的知识水平和能力水平。期中、期末由学校统一命题、统一考试、统一阅卷,提高检测质量。每次检测后任课教师要针对本次考试从班级现状、存在问题、提高措施等方面进行详细的分析,同时教导处要对检测情况逐项进行统计分析,及时反馈分析结果,指出存在问题,提出解决办法。[①]

①周树明.教育治理现代化视野下的普通高中教学管理研究[D].长沙:湖南大学,2017.

（六）认真进行教学反思

教学反思是一种具有指向性、针对性的行为，是现代教师适应新课程标准所应具备的重要能力之一，对教师自身专业成长有重要的意义。为了让每一位教师都成长为反思型的教师，提高教学水平，可以要求教师每课都进行教学反思。每次检查教案时都把检查教学反思作为重中之重，在教师会上点名表扬写得好的教师，同时加强其与写得不好的教师的交流，指出其需要改进的地方。

二、细致严格的管理措施

常规管理贯穿教学活动始终，制度是保障，实施是关键。必须加大常规管理力度，摒弃形式主义，讲究实效，使教学常规处于动态管理和螺旋式发展中。

（一）课程实施管理

为了确保学校常规工作正常运行，要严格执行教育政策及相关法规，严格执行课程计划，认真实施新课程标准，努力开齐开足教学计划规定的全部课程，积极落实教学常规精细化管理实施办法。

（二）计划建设与管理

1.制订学校教学工作计划

学校每学期初应该定期召开教研组长、教导主任工作会议。在反复讨论的基础上拟订各项相关规定，明确指导思想、原则以及工作重难点和完成各项教学、教研任务的具体措施，然后各教研组、班主任、科任教师、兴趣小组负责人围绕学校计划，拟订各级各类计划。

2.制订培优辅困活动计划

因材施教，分层教学。学期初，每位教师分别制订培优辅困活动计划，有针对性地辅导并按要求做好学优生和学困生的辅导记录。

3.制订兴趣活动计划

学校可以根据实际情况开展丰富多彩的兴趣小组活动。学校根据教师的特长安排活动内容，尽量让每位教师负责一项活动内容。一般活动项目不少于20项，参与教师数不低于全校教师总数的90%。学生可以根据自己的兴趣爱好,自主选择参加语文、数学、体育、美术、音乐、手工等方面的活动,以发展自己的兴趣和特长。学校制订活动方案、组建兴趣小组、挑选辅导教师、安排活动场地、规定严格的活动时间,确保兴趣小组活动有效开展,让师生在活动中得到锻炼,获得提升。每个兴趣小组都有活动计划、活动记录和活动总结,为规范活动课的开展提供保障。

(三)常规制度管理

为了使教学常规管理有章可循,使教学工作有的放矢,根据学校实际,要不断修订和完善一系列教学常规管理制度,学习并转印学校颁布的各项规范,对教学常规管理提出具体要求,明确教师的岗位职责,使教学管理工作有章可循、有规可依。

三、教学管理过程落在实处

(一)落实教学常规的检查与督促

教学常规的检查和督促主要从五个方面进行。一是学校组织教师每周检查教师教案、作业批改情况,每月检查学习札记、听课记录、单元检测情况等。二是学校加大对备课、教学、辅导、批改、检测、教研六个工作环节的检查力度,做到周查和月查相结合。三是督促班主任每学期末为学生填写成长素质档案、发放成绩通知单。四是校行政领导在各自兼课的同时,平均每学期听课20节以上。五是每学期抓好教案、作业等展评工作,评出优秀教案、作业、学习札记等。此外,应根据日常检查结果,对教师教学常规严格考核,并将考核结果作为绩效工资发放、教师职称评审评优的依据,肯定成绩,突出优点,提出希望,把激发教师的内部动力作为管理目标,强调通过让每一位教师成功,促使全体学生成功,最终实现教育成功的目标。这样才能从根本上改变只注重结果的传统管理方式。

(二)落实教师业务学习

为适应时代对教师的要求,必须努力提高校长及教师的自身素质。提高素质的途径之一是不断学习,为此学校可以采取集中培训和自主学习相结合的形式开展学习活动。学校要求教师结合自己教育教学工作实际,选读一些能提升自己专业水平的文章或教育专著,并制订个人读书计划。学校还要结合教育实际组织教师进行业务集中学习,并要求教师做好记录。每学期要确定一个主题,进行一次专题讲座,举办一次有针对性的教师交流活动,如高校课堂大赛、骨干教师示范课、青年教师过关课、班主任技能大赛、教师经验交流会等。此外,应建立教学反思制度和教学论文撰写制度。

校方可以督促教师编写教学随笔、教学反思、教学案例、心得体会等,鼓励教师把教学研究成果形成文章并积极投稿。

第三节 提升教学领导力

教学是学校的中心工作,学校的一切工作都必须服务于教学这一中心。教学常规管理,正是校长管理学校日常工作的中心和第一要务。所谓教学常规,是关于教学的日常规定,是管理者在教育常态下对教学的规定和要求。那么,校长应该如何进行教学常规管理呢?下面,笔者结合几年来的工作实践,浅谈一点认识和看法。

一、校长如何把握教学常规

(一)直接式

一是开办讲座。并不是每位教师都能明确认识到教学常规是什么,对于刚刚走上工作岗位的年轻教师来说更是如此。因此,校长有必要开办讲座,明确教学常规的定义以及抓好教学常规的方法。二是参与备课。通过参加集体备课活动,校长可以直观、迅速地发现备课过程中存在的问题,这既是对教师教学常规的考查,也是一种鼓励和鞭策。三是推门听课。校长要随时随地走进教室,随堂听课。校长听课不能局限于听正课,练习课、辅导课、选修课都有听的必要,甚至班级自习课校长也要去听,以全面了解学生的学习情况。四是参与评课。评课方式既有一对一评课,也有一对多评课。无论采用哪种方式,都要做到以下几个方面:听课后及时评课,发挥评课的最大作用;评课要切中要害,恰到好处;听课、评课的时候,要看之前存在的问题是否已经解决。

(二)调研式

一是召开学生座谈会。召开学生座谈会是间接了解教学常规的有效方式,通过学生对教师教学行为和课堂效果的评价,全面了解教师教风,从而发现需要解决的问题。二是比较相关数据。比较的方式有校内比较和校际比较。校内比较中同学科不同教师比较、同班级不同学科比较,是对教师教学行为和班级整体风气的考证。校际比较指与同类学校比较,进而对学校整体教学行为进行剖析和反思。三是参加质量分析会。参加质量分析会的方式有三种:检查考证学科,即参加以备课组长为核心的质量分析会;检查考证班级,即参加以班主任为核心的质量分析会;检查考证学年,即参加学年质量分析会。另外,参加联考学校的质量分析会,可以考查本校的教学效果以及与其他学校的差距,给下一步工作部署提供依据。四是问卷调查。组织教务处通过问卷的方式,对教师落实教学常规情况进行调查。根据教师和学生的反馈情况,对校办相关政策进行适度调整。

(三)抽查式

校长抓教学常规,并不意味着所有事校长都要亲力亲为,这既不科学也不现实。校长不能越俎代庖、事无巨细地包揽全部事务。抽查式抓教学常规有五种形式:一是抽查教案,二是抽查作业,三是抽查班级,四是抽查备课组长,五是抽查任课教师。抽查教案、作业和任课教师比较直观,针对性较强,解决问题也比较及时、具体;抽查备课组长、班级虽然是间接了解教师对教学常规的落实情况,但角度比较全面,有利于从宏观上进行调控。

(四)分解式

分解式抓教学常规,即层层递进抓教学常规,也就是校长分层面与下属对话。从形式上来讲可分为六种:一是把对话对象确定在主管领导范围内,即宏观引领性管理;二是把对话对象确定在包片学年领导范围内,即干预性管理;三是把对话对象确定在教务部门范围内,即控制性管理;四是把对话对象确定在学年主任、书记范围内,即调动性管理;五是把对话对象确定在教研组长、备课组长范围内,即指导性管理;六是把对话对象确定在班主任、任课教师范围内,即落实性管理。

例如,先由校领导给教师布置工作,提出要求,然后从教师到校领导逆向检查,回顾工作,总结经验,查找不足,这样做既有点的突破,又有线的延伸和面的拓展。同时,把各个部门落实教学常规的情况作为考评依据,纳入考核范畴,从而提高落实教学常规的执行力。

二、校长抓教学常规管理的必要性和可行性

(一)必要性

校长是学校教学、行政常规工作的组织者和领导者,是学校的代表和发展的关键。如果校长不抓教学常规管理,其职能作用就无法彰显,学校内可能会出现应付现象,如教师不备课、网上下载教案、上课不认真、随意留作业等。这样就会导致教学常规的各个环节形同虚设,校长对教学的领导力、控制力和执行力就无从谈起。长此以往,教学质量必然会下降。因此,从校长职责和学校发展的角度讲,校长必须狠抓教学常规管理。

校长不再只是发号施令,而是深入一线、深入教学、体察师情、了解学情、掌握教情,不但能增强自身的亲和力和凝聚力,提升对教学管理的领导力、控制力和执行力,而且会对教师起示范、带动、激励和督促作用,教师的积极性就会被充分调动起来,从而使课堂教学充满活力。

(二)可行性

校长应该是先进教育理念的引领者,掌握最新的教学理念和最前沿的教学动态,而这些教学理念的实施要靠一线教师。因此,校长亲自抓教学常规管理,可以把自己的管理理念直接传达给一线教师,实现校长与师生直接对话。校长具有丰富的教学管理经验,对教师的教学行为具有重要的指导作用。特别是对于年轻教师来说,

校长抓教学常规管理可以使其少走弯路,尽快成长。校长抓教学常规管理,能够站在教师的角度进行换位思考,使学校的刚性制度渗透人文关怀,同时,可以第一时间发现问题,处理问题时更有针对性,更及时、便捷。但这并不意味着教学中所有的事情一定要校长亲力亲为,校长应对每个部门、每个教师的情况做到胸中有数。①

三、校长如何抓教学常规管理

(一)抓备课

备课是课前准备,是教师在预设情景和虚拟环境下对授课过程的构思。一是抓"三维目标"的落实和考纲要求的贯彻。"三维目标"即知识与技能、过程与方法、情感态度与价值观目标,也就是智育、德育和心育目标。除此之外,校长要抓教师对考纲要求的理解和把握,使教师的教学行为更具针对性。二是抓教师对教材的整合以及资料的筛选。校长要抓教师对教学理念的理解等,要看教师在备课过程中体现的知识点、切入点、重点、难点、突破点是什么等。三是抓教师对课堂情景的预设和突发问题的应对。校长要抓教师课堂设计的逻辑性和方法性,对多解性问题、课堂片段、学生提问的预设,出现预想问题或突发性问题的处理方式和方法。四是抓教师教学方法的选择和教学手段的运用。五是抓教师"备学生"情况,要看教师是否充分了解学生的知识基础、性格情绪以及他们的课堂需求。

(二)抓上课

课堂教学是整个教学常规的中心环节,是向课堂要质量的根本保证。一是抓上课的逻辑性。从课前学生预习,揭示课题,到诊断性测试,温习旧知,再到交代目标,讲授新知,巩固练习,拓展迁移,消化理解,最后到课堂小结、答疑,教师是否遵循科学的课堂常规环节。二是抓上课的规范性。教师的语言、体态行为以及课件是否有效,板书是否规范,讲解能否做到中心突出、旁征博引、深入浅出。三是抓上课的互

---

①王涵. 校长教学领导力对教师教学效能感影响的调查研究:学校组织氛围的中介作用[D]. 重庆:西南大学,2019.

动性。教师能否以学生为中心,与学生平等对话,创设出最佳的教学情景,使学生产生共鸣。四是抓上课的针对性。教师在授课时要有针对性,即做到因材施教,最大限度地照顾到不同层次的学生,让每个学生都有学习的兴奋点,达到不同程度的提高。五是抓教学落实情况。该讲的内容,教师一定要讲准、讲清、讲深、讲透;该练的题,一定要精选、精练,以便总结出较好的方法、规律;该评的东西,一定要及时讲评,切中要点,拓展迁移。

(三)抓辅导

学生的基础和学习能力参差不齐,课堂教学不可能照顾到每一位学生,只能让大多数的学生听懂、学会。因此,可能出现以下情况,即对基础好的学生来说,知识的广度和深度不够;对基础差的学生来说,有些跟不上,学起来很吃力。所以课后辅导是必要的。因此学校应做到以下几方面的内容。一是抓培优辅导。针对优秀学生,要进行发展定位、爱好分析、优势学科与短板学科衡量、培优方法选择等。二是抓好临界辅导。即对那些成绩在目标考核点上下浮动的学生进行辅导。这部分学生潜力很大,抓好对他们的辅导,教学质量会得到整体提升。三是抓补差辅导。补差辅导是给予学困生信心和能力的一种有效辅导方式,也是教师师德的充分体现。四是抓特长生辅导。特长生辅导可分两种,一种是为艺体特长生辅导,另一种是为竞赛生辅导。这两种辅导也是办特色学校的一种表现,所以要引导教师高度重视这方面的内容。五是抓好课间辅导。课间是辅导的黄金时间,要积极抓住这一时间段,要求教师留在班级外走廊上,为学生答疑,直到下一堂课铃响才离开。

(四)抓作业

作业包括两个部分,一部分为课堂作业,另一部分为课后作业。那么,作业应该怎么抓呢?一是抓作业质量。校长要看巩固知识的作业是否经过教师精选,是否适合不同的学生,是否具有层次性、典型性、易错性、练习性、拓展性和迁移性。二是抓作业数量。校长要看教师布置的作业量是否适当,如果作业过多,就会挤占学生自主复习时间;如果作业过少,可能起不到巩固的作用。三是抓作业批改。校长要看教师对作业的批改态度,即教师留完作业后,是否及时收取、批改作业,批改是否认真。四是抓作业反馈。校长要看教师是否通过作业的反馈,找到教学、学生学习方面存在的问题,并想办法解决。

(五)抓评价

教学评价的重要方式是考试,它能集中反映一段时间内教学的基本情况和学生的学习情况。因此,日常教学应关注考试,具体做到以下几点。一是抓作业考试化。作业考试化,既能巩固学生课上学习的知识,又能培养学生良好的解题习惯;既能衡量学生的学习成绩,又有利于教学检查量化,便于抽样调查分析。二是抓期初、期中、期末考试。针对低年级,要抓好这些考试,让每个阶段的教学情况通过这样的方式反馈出来,然后有针对性地进行教学调整。三是抓联考。抓联考有利于打破自我封闭的小圈子,从与兄弟学校或先进学校的对比中找到差距和不足,这既是一种教学督促,也是一种教学动力。四是抓模拟考试。比如针对高三毕业班,抓好模拟考试,有利于与高考实现对接,及时传递高考信息。

评价的方式多种多样,但重点在于考查教学是否符合先进的教育理念。校长要看教师能否运用激励性评语调动学生学习的积极性,激发学生攻坚克难、奋起直追的勇气。

由于不同的部门、教研组和教师对学校方针政策的理解有差异,以及个体的能力和素质不同,落实教学常规的步伐存在不一致的情况。因此校长在教学常规管理过程中,在全面了解教学常规落实情况后,应该做好以下两件事。一是反思调整。针对检查出来的问题,思考其原因是什么,由哪个环节或方面造成,该用什么方法整改,是否要进行政策调整或对某些环节与方面进行干预。二是总结推广。教学常规落实过程的典型个例给学校政策调整提供了实践依据,在总结经验的过程中,校长要思考这样的经验是否要在全校范围内推广,有没有推广的意义等。

总之,对于一所学校来说,教学常规始终是发展的核心和关键,抓住这个核心和关键,学校就有了前进的方向。因此,校长要认真抓教学常规及其管理,使学校的教育教学质量不断提升。

第四章 把握学校德育管理

第一节 德育管理有赖于"有温度"的德育制度

管理毫无疑问离不开制度。可以说,制度是学校各项德育工作得以具体落实的现实保证。就实际情况来看,学校德育制度存在的主要问题是过于倚重外在管理,缺少人文关怀。

在学校德育工作中,与学生关系最密切的管理机构无疑是"德育处"。一些学校可能采用其他名称,如"教育处""学生发展处""学生处"等,虽然名称有所不同,但这些管理机构主要承担学生德育教育工作。

学校德育制度改革的一个基本价值取向就在于弱化管理的控制色彩,增强师生员工在管理中的主体地位,尤其是注重人文关怀,避免过于刚性的制度对人的发展可能造成的伤害。基于此,笔者认为,学校德育制度应该在以下两个主要方面做出主动改变。

一、由科层制领导向道德领导转变

所谓道德领导,主要包括两个方面的意思:一是学校领导能够激励广大师生员工,和他们一起建构一个关于学校和德育发展的美好愿景,并为此不懈努力;二是学校领导以身作则,成为广大教师的道德楷模,做好榜样示范作用。

在道德领导力的养成方面,校领导层并非仅仅需要时刻严格要求自己,更为关键的一点是要能够把师生员工的激情最大限度地调动起来,这就需要学校领导层与全校师生共同绘制一个明确的、有效的德育发展蓝图,并用这个蓝图去感召有志于从事教育事业的教师。但很多学校在德育管理中并没有形成一个明确的蓝图,更谈不上用这个蓝图去鼓舞教师和学生了。因此,学校要高度重视德育发展愿景的设计。总体而言,学校德育发展愿景要具体,但不宜烦琐。学校发展愿景的设计要注意采取不同形式,充分激发广大教师的参与热情,让愿景的设计过程本身变成一个精神动员的过程。

愿景是组织内部成员经过团队讨论获得共识进而形成的大家愿意为之全力以赴的未来发展蓝图。以学校发展愿景为例,愿景不同于远景的一个重要地方就在于,愿景不但是对未来发展状态的一种客观描述,而且包含着教职员工对这种发展的一种发自内心的认同,既包含学校发展的核心价值体系,又包含学校发展的具体目标。而愿景管理就是学校结合个人价值观与学校发展目标,通过开发愿景、瞄准愿景、落实愿景三部曲,来建立团队,促使学校成功的管理模式。这一管理模式由于建立在学校教职员工价值共识基础之上,能够充分发挥教师的积极性、主动性和创造性。相比于单纯依靠外在制度强制要求的管理模式,愿景管理更具有人文关怀的色彩。

二、由约束型、控制型管理向关怀型管理转变

一般而言,约束型、控制型管理理念的出发点在于防范学生出事,而不是对学生深层的爱;出于对学生改变不良行为的迫切期望,而不是对学生心理行为的深刻理解和把握。这种出发点会被敏感的学生体会到,于是,学生采取的应对办法往往是暂不犯错或者直接对抗,而不会在内心深处认可这种管理方式。[①]

约束型、控制型管理方式往往是这样一种流程:告知规则—学生违规—惩罚—以儆效尤。对此,笔者认为,约束型、控制型管理理念和方式不利于师生双向理解和沟通,需要向关怀型管理理念和方式转变。

关怀型管理是基于对人身心健康的关心呵护、对人所处境遇的理解同情、对人发展需要的关切满足、对人未来发展可能的期待希望,而采取的对话、聆听、尊重、宽容、负责的管理态度和行为。关怀型管理者

①刘伟. 高中德育管理在学生人格塑造中的影响研究[D]. 青岛:青岛大学,2019.

相信犯错是正常表现，坚信犯错者一定会改变，并以足够的爱心和耐心帮助和鼓励他们逐渐改变自我，取得进步。这种管理是饱含着爱的教育理念和方式。如果德育工作者坚持用饱含爱和关怀的理念与学生交往，学生一定会感受到，从而更加信任老师，愿意倾诉内心的困惑，寻求老师的帮助。当"信任"这种教育的基础建立后，德育才成为可能，学生也才会以自己的行动来回报老师的关怀之举。

为了贯彻关怀型管理理念，管理者（特别是正副校长、德育处工作人员）要设身处地考虑学生和教师的情感需要、兴趣，用移情的方式体会和思考"假如处于这种情景中，我的感受如何"，在做出关怀的行为之前换位思考"这种关怀行为是我所需要的吗"，因为只有当学生认可老师的关怀动机并做出回应时，关怀行为才能说是产生了效果。相反，如果管理者不是从学生的需要出发，不顾及学生的想法和感受，只是从个人意愿出发，那么即使付出了很多劳动，也很难获得学生的理解，难以达到预期的教育效果。

为了更好地实现对学生的关怀，管理者需要在无条件和不加选择地接纳所有学生的前提下，了解、感受学生的学习状态，参与学生活动，了解学生的兴趣和文化，体会学生的真情实感。比如，可以增加听课次数，了解、感受学生的听课状态，思考"在课堂中，学生对老师的回应积极吗？多少学生被关注或冷落？学生此时的心情如何？快乐还是悲伤"等，据此，可以要求老师在必要时从学生的需要和能力出发，调整教学模式。可以利用重大节假日、周末时间或平常的课外活动时间，开展一些有意义、有趣味、参与面广的活动，创造与学生沟通互动的机会。在活动的过程中，管理者更多地了解学生的想法和需要，同时学生感受到管理者和蔼可亲的一面；可以不定期地到学生宿舍了解学生的生活状况和需要，发现问题及时解决；开设管理者（校长、德育副校长、政教主任等）信箱，对收到的意见或建议及时以某种形式予以反馈，对暂时解决不了的问题应说明原因，以便取得学生理解，形成管理者与学生顺畅的交流机制。

第二节 德育管理要优化学生评价

德育管理与学生评价存在着非常密切的关系。有什么样的学生评价体系，就会有什么样的德育管理。如果一所学校的学生评价是以分数和成绩为基本导向的，那么，德育管理也就主要围绕如何提高学生学习成绩展开。在这种情况下，德育活动、学生的全面发展等将很难实现。因此，优化学校德育管理必须与学生评价体系的整体变革有机统筹起来。从学生全面发展的角度出发，学校的学生评价体系可做以下调整。

一、优化学业评价指标

(一)学业评价不能简单等同于考试成绩

学生学业水平的发展是多方面的，而考试成绩反映的是学生对课本知识的掌握情况，即对知识的记忆和再现，但很难体现学生对知识的实际操作能力。比如，一部分学生虽然考试成绩不理想，但是，他们在实际生活中能够较好地运用某学科甚至多门学科的知识。再比如，一些学生可能物理考试成绩不佳，但他们动手能力强，能够自己组装电脑。教师不仅仅要关注学生的考试成绩，还要关注学生平时的表现。

(二)学业评价不能仅仅局限在与升学有直接关系的科目上

当前，部分教师对于学生学业成绩差的评价主要是基于学生考试情况。体育、音乐等非高考科目成绩，教师一般不将其纳入考虑的范围，非高考科目的成绩对于教师而言也是不重要的。这种学业评价方式非常不利于学生的全面发展。

(三)学业评价不能一刀切

学业评价应该体现因材施教的原则，对于不同的学生应该有不同的考核标准，要让学生体会到学习的成功和乐趣。这里列出一个案例以供参考。一位高中数学老师的课深受学生喜欢，每次测试，班里的学生总能取得较为理想的成绩。原来,这位数学老师根据对学生的了解,每次测试都设计了不同的试卷。对于基础差的学生,试卷中所考的大部分内容都是一些基础性的题目,学生较容易回答;而对于基础较好的学生,试卷中的题目则较为灵活,具有一定的挑战性。由于教师在考试上采取分类对待的方式,每次考试结果都是皆大欢喜。基础差的学生由于在考试中能够看到自己的进步和成绩,激发了学习兴趣,从而提高了学习成绩。

(四)学业评价不能是终结性的

教师在对学生进行学业评价时,不宜采用静止的观点看待学生,而要用一种发展的视角看待学生的点滴进步。对于学生细微的进步,要及时给予正面评价。

二、丰富学生评价体系

在对学生进行评价时,要摒弃单一的学业标准,以欣赏的眼光看待学生成长的各个方面,尽量挖掘学生身上的闪光点。在这方面,一些学校的做法值得参考和借鉴。有的学校,除了设置"三好学生",还设置了诸如"进步之星""体育之星""音乐之星""助人为乐之星""绘画之星""创造之星"等荣誉称号。这些荣誉称号主要是由学生评比认定的。一些学校还模仿中央电视台的《星光大道》,在全校范围内选拔各类"明星"。这些做法有利于学生更好地认识自我、接纳自我,有利于教师和学生相互理解。

三、学生评价变革与教师评价改变相配合

学校层面应该在评价学生的创造性活动方面给予教师必要的空间和帮助。具体而言,学校不应以学生的学业成绩为考核、评价教师的唯一标准。学校在对教师进行评价时,也应该坚持全面、分类、发展的原则。

一个好的评价体系要坚守两大原则:一是公正原则,即保证每一个德育管理对象都能受到公允对待;二是关怀原则,即评价体系要考虑整体发展,体现人道主义精神。

公正的评价体系一方面要建立在科学的评价指标之上,另一方面要兼顾不同利益群体。单一的评价体系势必会带来种种消极影响。也就是说,要建立多元化的评价体系。所谓多元也就是要平衡广大教师对德育与教学的不同利益诉求,考虑到德育的特殊性,抛弃"德育为教学服务""教学为本"等错误陈旧的观念,重新明确德育在学校中的地位和作用。①

为此,要在全校形成一个基本的教育理念:每个学生都受到适合自己的教育。这就需要学校在现有以成绩为主的评价体系方面,增强多元评价的内容,为学生的全面发展提供更多的机会和条件。

学校的德育管理不是以追求效率为导向的冷冰冰的企业管理,所以在学校德育管理中要体现出更多的人文关怀的内容。德育评价更是如此,在对学生的评价中要尽可能考虑到不同年龄阶段学生的差异性,不可"一概而论""一以贯之"。对教师的评价,要照顾到年轻教师和年长教师,既要呵护年轻教师的热情和积极性,又要对年长教师给予更多理解和认可。总体而言,关怀原则在具体实践中的落实,重点是能够正确识别师生的真正需要,并在此基础上做出有效回应,这就要求学校的管理决策要能够广泛听取真实的意见。为此,学校需要做到以下两点:一是避免"想当然"的管理思维,好的出发点只有契合了管理对象的真实需要才会产生好的管理效益;二是注意有效回应,对于师生在学校生活中反映出来的种种需要,要积极正视而不是消极回避,对于不合理的需要,应该采取解释、沟通的态度进行处理。

第三节 德育管理要充分发挥学校文化的育人功能

德育管理不仅依赖建章立制实现,还需要通过优化学校文化落实。学校文化对于一所学校的发展具有十分重要的作用。就德育来说,如

①屈凤杰,李尧舜.构建科学的德育评价体系促进学生和谐发展[J].教育现代化,2017,4(51).

果没有整个学校文化环境做支撑,那么,学校的德育课程建设得再完善、德育活动安排得再丰富,都很难切实提高学校德育水平。

一、正确认识学校文化的育人价值

实际上,教育的本质在于"文化育人",即将人类社会的物质文明、精神文明成果,通过显性与隐性的教育途径,作用于学生生理和心理的各个层面,使其获得未来成长和发展以及推动社会进步所需要的各种素养。对于学生的品德成长而言,学校文化的作用意义重大。

学校文化对学生品德的发展具有"濡染"和"涵化"的作用,是构筑学生品德的重要力量。德育本质上是一种价值教育。价值学习的一个十分重要的前提条件就是学习者主体意识的高度唤醒和积极参与。如果没有这一点,价值学习将很难真正实现。学生品德成长本质上是一种价值学习的过程,价值学习的方式与其他知识学习的方式是不一样的。对于纯粹的知识,人类已经总结了很多行之有效的学习方法;而对于文化价值观层面上的学习,人们还没有找到切实有效的途径。这也是学校德育面临的突出问题。

价值学习的特点决定了它很难简单移植、套用各种现有的常规的教学方式。有关研究表明,人们对特定文化价值的接受,往往是在一种无意识的状态下自然发生的。这一过程被有关学者命名为内隐学习。内隐学习是刺激环境下无意识获得复杂知识的过程。在内隐学习中,人们并没有意识到或者陈述出控制他们行为的规则是什么,但学会了这种规则。由此可见,内隐学习的一个基本特征就是学习过程的无意识性。内隐学习的无意识性深刻地揭示了文化作用于个人品德发展的内在机制,即文化主要是以一种"濡染"的力量充斥于每个人的生活之中,从而使每个个体在特定文化场域中不自觉地受到这一场域中所奉行的价值观的不断暗示,以及他人行为示范作用的不断感召,这就使个体在没有意识主动参与的情况下逐步认可、接受并内化这一文化场域的价值观念和道德意识。在很大程度上,正是文化"濡染"的力量所产生的个体道德发展的内隐性,解决了长期以来制约学校德育实效性提高的瓶颈问题——价值引导与个体自主建构之间具有"顽强的疏远性"。从这个角度出发,学校文化之于个体品德发展的重要性尤为突出。

另外,高中学生在学校生活中最直观、最直接的道德体验主要来源于学校文化。道德体验是个体道德发展的重要资源。道德教育如果缺乏学生参与相关道德体验,将很难取得效果。积极、正面的道德体验有利于学生在相同或类似的道德情景中移情,更好地从他人的立场和处境中处理各种道德问题。因此,良好的道德体验可以在很大程度上确保个体形成积极向上的道德品质。

如果学校道德教育仅仅停留在书面上而没有具体的实践,那么知识形态的道德教育将很难与学生的具体经验产生有机的联系。由此可见,一个人的生活经验对其接受道德教育的态度具有深刻的影响。如果学生在学校处于一个不道德、不民主、不公正的环境之中,他们将很难认同教师在课堂上所教授的各种道德观念。在很大程度上,德育作用于个体品德的发展更多的是通过一种"涵化"的方式实现。即学生道德不仅是从书本知识中获得的,更是学生在鲜活的生活体验中,通过环境的不断暗示、示范和引导自主建构的。学校道德教育固然包括道德知识的内容,但道德教育中更为重要的道德意识、道德情感以及道德行为等是很难通过直接的课堂知识习得的。非知识形态的道德教育只能通过体验与各种实践来实现。教师要做的不是在课堂上传授给学生多少关于道德的知识,而是要营造一个有利于学生道德成长的价值环境。

可以说,学校文化主要是以一种隐性课程的形式通过潜移默化的力量深层次影响学生的品德发展。学校德育问题诊断如果不能深入学校文化层面,那么,学校德育的改进将会由于失去整个学校文化的支撑而流于表面。[1]

学校文化对学生的品德发展有一个引领和示范作用。道德的生活方式比单纯的课堂道德教育以及规范化的德育活动对学生的道德影响更为深远和持久。这就决定了学校文化在整个学校德育中的重要作用。

---

[1]李庆元.文化育人与学校发展[M].武汉:武汉大学出版社,2017.

对于学校文化而言,最为核心的部分就是价值观,即学校的精神和教育哲学。纯粹的学校物质环境、制度体系和行为习惯并不是文化本身。物质文化、制度文化、行为文化,主要反映的是教职员工和学生群体对待这些物质、制度和行为的态度,即人们长期以来形成的对物质、制度和行为的价值判断。如不同学校的文本制度可能是相同的,但由于人们对这些制度的态度截然不同,形成的制度文化自然不同。物质文化、制度文化、精神文化、行为文化建设中最重要的是组织成员对待物质、制度、精神和行为的方式和态度的不断改善。而组织成员态度的形成,则深受学校价值观和教育哲学的影响。

因此,充分发挥学校文化的育人功能,关键就是要较客观、准确地把握学校中的各种内隐行为和内隐观念。所谓内隐行为,主要指的是学校师生员工已经接受并习以为常的做事方式。内隐观念指的则是师生员工做事方式中所蕴含的对事情的价值判断。只有从文化的表征层面深入文化的内隐层面,才可能深刻理解学校文化的育人功能。

二、正视当前学校文化建设中存在的问题

充分发挥学校文化的育人功能,就必须对当前学校文化建设中存在的问题有充分认识。在这里,笔者主要以某高中为例,通过分析该校文化建设中存在的问题,帮助校长对学校文化建设中存在的问题形成直观认识。总体而言,该校在文化建设方面,主要存在以下几个方面的问题。

(一)在文化建设的内涵赋予上,传统有余而现代不足

学校文化建设的重点是精神内涵的培育。当前,很多学校在学校文化的精神内涵层面上,一个突出的特点是非常强调文化的根本性,即注意从传统文化中挖掘与学校文化密切相关的内容。如某高中就非常强调"仁"的价值观念在学校文化建设各个方面的体现。这是值得肯定的,但是,文化建设不能仅对传统文化进行简单复制,还需要在新的历史条件下对这些文化给出符合时代发展趋势的现代解释。

当前该校教学楼里所给出的关于"仁"的解释,基本上都是引用的

《论语》以及其他传统典故。这些例子更多地反映古代社会特定的社会结构和人伦关系特点，与当前社会的现实生活存在一定的差距。因此，这样对传统文化的简单挪用，反映出学校文化精神与现代学校教育育人目标更多是形式上的契合，还缺乏深层次的、实质性的有机融合。

（二）在学校文化的呈现形式上，存在"多与一"关系的处理失衡问题

学校文化虽然包括物质文化、制度文化、观念文化等不同层面，但是，这些不同层面应该是围绕着学校文化的精神具体展开的。即物质文化、制度文化与观念文化不是不同的文化类型，而是同一文化精神在物质、制度、观念等不同层面的体现。因此，学校文化建设需要注意不同文化层面的统一性和系统性。

从某高中校园文化的呈现形式来看，其物质文化、制度文化和观念文化之间的内在联系，以及这些不同文化层面蕴含文化精神的一致性，存在一定的问题。比如，在学校文化的有形物质载体层面，大量呈现的是有关"仁"和"智"的传统内容，但是在相关学校制度文化层面，却很少看到"仁"和"智"的影子。从该高中规章制度的文本来看，这些制度文本所体现出来的精神内核更多的是一种基于现代管理理念的深层结构的制度精神，注重管理的标准化和规范性，它与物质文化所要彰显的"仁"与"智"在精神层面还缺乏内在的实质性联系。

另外，从文化的物质层面表达来看，当前学校存在着诸多关于学校文化的表述，具体表现在办学思想（履仁崇智、明德卓行）、办学目标（仁慧双馨，德行并举）、育人目标（亲仁、强智、懿德、卓行）、育人理念（润育、厚养）、管理理念（以"仁"固本，以"智"强势）、校训（养仁爱之心，塑智慧人生）等不同方面。这些内容固然从不同的角度阐释了学校文化的基本精神，但是，一方面这些内容存在较大的重合，给人以重复的感觉；另一方面内容太多，以至于几乎没有哪一个老师和学生能够完整地说出这些文化的具体内涵。此外，这些文化表达存在一定程度上的不一致性。

（三）在学校文化表达的专业性上，完整性有余而准确性不够

学校文化的专业性首先体现在它具体表达的准确性方面，这也是人们判断学校文化专业性程度最直观的依据。但是，从更为专业的角度来审视，当前的学校文化在准确性方面还存在需要进一步增强的地方。

第一，在有关"学校文化"的具体解释方面，存在文题不一致的情况。如在学校高中部教学楼道的文化建设方面，也存在不同程度的文题不一致的情况。

第二，一些有关学校文化的文字表达缺少校对与锤炼，存在表达不当或出现错别字的现象。比如，高二教学楼中的"学生书吧"被翻译为"Book Student"。这样的翻译存在明显的错误。另外，在走廊里张贴的一些名言警句和故事中存在错别字。

（四）在学校文化的整体设计方面，没有处理好建设与留白的关系

该校的楼道文化等体现出较强的整体设计感。比如，教学楼不同楼层之间的文化主题建设，具有较强的层次性和针对性。但如果把学校文化作为一个总体来看，其在设计方面存在的较大问题是没有处理好建设与留白的关系。

所谓建设与留白问题，主要指的是学校文化在某些方面设计得过多、过满，而在某些方面相对缺乏设计，留白过多的情况。比如，学校文化的具体表达涵盖了从办学思想、办学目标到育人思想、育人目标等不同方面，存在设计过多、过满的情况，而教学楼的楼梯、卫生间等地方，则几乎没有设计，只是原始的白墙，显得过于单调。

（五）在学校文化内容的具体安排上、人文与自然环境的营造上存在一定的割裂现象

人文与自然环境是学校文化在视觉上最直观、最生动的体现。然而，学校自然环境和人文环境的建设绝不是截然分开的两个独立的内容。优秀的学校文化应该是自然中彰显人文，人文中透着自然，二者是相得益彰的。

该高中总体上看十分注重学校自然环境和人文环境的建设。但

是,不可否认的一个现实是,当前该校文化建设中的自然环境与人文环境离理想的水乳交融状态还有一定的距离。具体表现为,自然环境基本体现在校园的建设上,人文环境则主要体现在楼道文化的建设上。尤其是楼道文化,基本上都是人文文化。这就使得学校楼道文化建设由于缺少自然的烘托而显得过于呆板,与学校绿意盎然的整体风貌存在较大的差距。

(六)在学校文化的落实层面,存在效果不佳的问题

学校文化绝不仅仅是写在墙上的口号,而应该变成全校师生员工一种无意识的集体观念,影响他们的具体行为。因此,落实学校文化的基本精神,成为学校文化建设最终的落脚点。

从该校学校文化的落实情况看,总体良好,但与理想状态仍然有较大的差距。对该校学生进行调查可知,尚有将近五成的学生认为自己没有注意过学校张贴的名言警句,近四成的学生认为楼道里张贴的各种格言对自己没有启发,也有部分学生不了解校训的意义。

(七)从学校文化建设的重心来看,存在学生文化与教师文化不匹配的现象

该高中的学生文化活动非常丰富,学校为学生的多方面发展提供了诸多平台和机会。学校为学生个人才华的发挥提供了展现的舞台。相比于学生较为丰富的文化生活,教师的文化生活则显得非常匮乏。

当前,该高中学校文化建设存在诸多问题,深层次的原因是对学校文化的认识不够准确与全面,缺乏专业化的顶层设计。而在学校文化建设过程中缺乏广大师生员工的广泛参与、学校文化的宣传力度不够等,是造成以上问题的直接原因。

第一,对学校文化的内涵及外延把握得不够准确。当前,该校在学校文化的理解上,存在内涵把握不准、外延过于狭窄的问题。正是这一认识上的不足,导致了学校文化建设方面的诸多问题。首先,对学校文化的历史积淀重视不够,更多地把学校文化理解为一种外在的精神赋予,没有切实看到学校自身作为一所有着悠久历史的学校在发展进步过程中所积淀下来的核心精神和价值诉求。在很大程度上,学校文化

是积淀出来的,而不是后天人为附加上去的。非常遗憾的是,在当前学校文化建设的整体架构中,没有看到学校基于自身历史传统所提炼出来的有关学校核心精神的系统论述,学校的文化和历史仅仅停留在文本描述中。其次,对学校文化的实质和功能的认识存在偏差,该校更多把学校文化理解为校园文化,强调学校外在呈现形式方面的美化,而忽视了学校文化作为一种精神在师生员工日常行为中的陶冶作用。这就使得当前的学校文化更多地停留在校园文化的建设上,注重绿化、标语、宣传栏等物质层面的设计,没有把学校文化上升到教育哲学层面。最后,对学校文化的主体认识过于狭窄,把学校文化理解为一种学生文化,忽视了教师作为学校的重要组成人员在学校文化建设中应有的地位和作用。学校固然要为学生的全面发展搭建丰富的文化平台,但是,这并不等于教师的作用仅仅是单向度牺牲与奉献。现代学校应该是师生和谐发展、共同进步、彼此成就的载体,在这种情况下,学校必须自觉地在学校文化建设中引入教师发展的视角。当前学校的学生社团活动很多,相比而言,教师基本上处在一种被忽视、无私奉献的状态,这样一种文化生态不利于学校的健康、可持续发展。

第二,学校文化建设缺乏整体的顶层设计。该校的学校文化在形式上给人的感觉是内容十分丰富,但是,不同形式之间似乎缺乏清晰的内在逻辑。这一问题的主要原因是学校文化建设的顶层设计没有落实,突出表现为学校尚未形成有关学校文化建设的整体思路。对学校文化内涵认识不足,对学校核心精神和价值缺乏有力的提炼和概括,使得当前学校文化缺乏一条能够将这些看似散乱的文化表现形式有机整合起来的"线索"。换言之,当前该高中的学校文化缺乏"主心骨"。由于缺乏"主心骨",学校文化在物质、制度和观念匹配性方面存在较大的问题。学校文化物质、制度和观念层面的建设,应该是在这一"主心骨"的统领下从各自的角度去具体观照和表达,而不是各自为政、互不相干。

第三,学校文化建设缺乏师生的广泛参与。学校不仅是领导者的学校,更是所有师生的学校。学校文化属于生活在学校中的每个人。

在某种意义上,甚至可以说,学校文化就是学校每一个师生的精神面貌的总和。因此,如果学校文化建设缺乏广大教师和学生的参与,那么一方面会削弱学校文化自身的合理性,另一方面会削弱学校文化的教育效益。

另外,由于学生很少参与学校文化建设,学校所呈现给学生的文化就是一种外在的文化,很难引起学生真正的共鸣,这也是学校文化在学生当中落实情况不佳的一个非常重要的原因。

第四,学校文化的日常宣传不到位。学校文化作为学校精神的集中表现,应该是师生在日常教育教学生活中可以经常感受到的。从了解的情况来看,大多数学生基本上只是在入学教育的时候接触到有关学校文化的介绍,而在随后的学习和生活中,相应的配套宣传教育工作并没有跟上。这也就是高年级的学生对学校文化的认可度相对较低的一个重要原因。

三、学校文化建设的关键举措

基于以上分析,笔者认为,学校在学校文化建设方面,需要着力做好以下几方面的事情。

(一)准确把握学校文化内涵,做好顶层设计

学校文化建设方面存在的诸多问题,归根结底,最为核心的是对学校文化内涵的理解不到位,缺乏专业、系统的顶层设计。因此,努力提升学校文化的品质,首要的一点就是准确把握学校文化内涵,做好顶层设计。对学校文化内涵的理解,应突破校园文化、学生文化的局限,把学校文化建设提升到整个学校教育哲学的高度。一所学校的文化,是这所学校历史发展过程的精神积淀,也是这所学校凝聚人心、形成共识的重要载体,其核心是彰显学校的办学品质和育人目标,这是学校文化建设的重点。为此,学校应该在学校文化内涵的挖掘和整理上做出更多的努力。在这个过程中,尤为需要思考的原则性内容主要有以下几点。

第一,要体现学校发展的历史。也就是说,学校文化的建设必须奠

基于学校自身的文化土壤之上,具有深厚的历史底蕴。

第二,要体现学校所在区域的特点,把学校自身的文化建设与学校所在城市、社区的文化特色有机地结合起来。

第三,要反映学校自身的特色,尤其是要把学校的独特文化资源充分挖掘、整合到现有的学校文化体系中。

第四,要符合教育发展的规律和现代社会发展的要求,要注意对传统的文化资源做出符合时代精神的解释。

为此,需要把学校文化建设纳入学校发展的整体框架去系统考虑。学校文化从工作的角度可以单列出来予以思考,但是,从其实际存在和发挥作用的空间来看,学校文化是存在于学校生活的各个层面的。因此,学校文化建设不能仅仅就文化谈文化,必须在学校的整体发展框架中去定位学校文化的特色。

用专业化的思路做好学校文化的顶层设计。学校文化顶层设计的科学性将在很大程度上影响学校文化建设的成效。总体而言,做好文化的顶层设计,必须走专业化的道路。所谓专业化的顶层设计,主要指的就是学校文化建设的科学性,具体表现在以下几个方面。

首先,学校文化建设重在学校价值观的培育。学校文化固然离不开相应的物质载体,但是,真正能够代表学校文化实质的,应该是学校价值观。学校价值观,从深层次上影响和制约着不同学校师生的具体行为和相应制度、物质文化的建设。价值观的培育关键是要体现时代精神和教育本质,要融入学校的历史传统。具体而言,健康的学校价值观应该富有朝气与活力,体现公平正义与以人为本的时代精神,把师生员工的发展作为学校价值选择的基本准则与核心理念。其次,学校文化建设要有层次性,要能够根据不同学段学生的身心发展特点和现实需要有针对性的设计。学校文化建设应该充分考虑高中各个阶段的不同。最后,学校文化建设要有系统性,要注意在文化建设过程中做到"形散而神不散",即所有的文化层面都是围绕学校的核心精神展开的。

为此,文化建设需要实现三个方面的统一:学校文化的物质层面、制度层面和观念层面在学校精神上的统一;学校的课程文化、教学文化、管理文化、校园文化内在精神上的统一；学生文化和教师文化的统一。这一方面需要学校加快对学校精神的进一步梳理和提炼，另一方面要求学校各个具体职能部门在学校总体文化精神的指导下，结合部门工作实际，形成部门文化特色。学校文化建设要有和谐性，要注意在文化建设过程中自然与人文、留白与设计之间的平衡关系。具体来讲，在当前学校校园绿化环境中，要进一步增强自然环境的人文美感，不宜过多采用禁止性的标语。与此同时，要注意对教学楼的自然美化，在楼道连接处等地方应增设绿植等自然要素。此外，对学校文化的展示标语，要做适当的增减工作。如不宜在一个地方设计过多的标语或规章要求，尤其在同一宣传板上不能既有古代的内容又有现代的要求，也不宜在学校张贴过多与学生生活实际有较远距离的宣传海报。

（二）拓宽渠道，充分发挥师生员工在学校文化建设中的作用

虽然学校领导在学校文化的顶层设计方面负有非常重要的责任，但是，这并不意味着学校文化建设就只是领导层的事情。实际上，好的学校文化建设的一个非常重要的特征就是广大师生积极参与。

第一，应该充分认识到师生员工积极参与学校文化建设的价值和意义。师生参与学校文化建设至少具有以下两方面的意义。一方面，有利于增强师生员工的主人翁地位感，增强学校文化自身的合理性。学校应该把学校文化建设的过程当作凝聚师生员工人心、形成共识的重要教育过程，而不是把师生仅仅当作学校文化的被动学习者。当师生以主人翁的姿态积极参与到学校文化建设过程中时，他们会对学校的历史、定位、目标有更为准确的理解，对学校的发展有更多的内在认同。在这种情况下，文化就不是从外而内地要求师生，而是师生的一种自觉观念和行为。另一方面，有利于发挥师生员工的聪明才智，提高学校文化的专业性。实际上，作为学校的一员，师生员工都有特定的文化诉求，这种文化诉求当中往往蕴含着非常有价值的文化建设思路，这对于提高学校文化专业性是十分有帮助的。

第二，拓宽师生参与学校文化建设的渠道。从现有资料来看，学校文化建设基本上是校领导的事情，广大师生几乎没有参与其中的渠道。

为此,在未来的学校文化建设中,学校可以尝试性地通过以下渠道广泛吸收师生员工,使其参与到学校文化建设当中。一是开展"我理想中的××学校老师(学生)"的讨论,可以采用征文、演讲等多种形式,向教师和学生征集有关学校文化的精神特质。二是面向全体教师和学生开展"我的学校我的家"校园设计大赛,从中选择、提炼和整合出符合学校特色的建设方案。三是开展"我是校园纠错员"活动,让学生比赛寻找学校文化展示栏中的标语、格言等内容中存在的错误。这既是对学生进行学校文化教育的一个重要方面,又是进一步提高学校文化准确性的一个有意义的做法。四是在学校文化建设中,要为学生的自主发挥预留必要的空间,即不宜把学校文化设计得过满,应为学生提供展示自我风采的舞台。

第三,教师要以身作则,践行学校文化精神。教师是学生成长中的重要榜样。学校文化对学生的直接影响往往是通过教师的言行以及教师对待学生的方式实现的。学校有了健全的学校文化,还需要教师具备相应的文化行为,才能发挥学校文化积极、正向的教育作用。反之,则会给学生的发展带来消极的影响。

(三)加强宣传教育,增强师生对学校文化的认可度

学校应进一步加强学校文化的宣传教育工作,具体可以从以下几个方面着手。

第一,进一步优化学校的入学、入职教育,把认识学校、了解学校作为新生入学、新教师入职教育的一个必要环节。

第二,丰富学校文化宣传教育的主体,让学生成为学校文化宣传的重要力量。在相关的学校文化宣传教育中,除了有学校领导的参与,还可以在学生当中开展"人人都是学校文化解说员"活动,从中遴选出一批学校文化解说员,负责对外宣传和对内教育工作。

第三,把学校文化教育贯穿学生学校生活的始终。学生对学校文化的认同并不是一朝一夕就可以形成的,需要他们在日常的学习和生活中不断体会、感受和内化。因此,学校要对学生在学校中的三年发展有一个总体的规划,将学校文化精神的核心具体分解到学生的每个学年当中,使每个学年都有学校文化教育的重点和主题。

(四)学校文化建设要发挥青少年学生的主体性

学生对学校文化是否认同是学校教育效果能否达成的关键。要提高学生对学校文化的认同感,就必须让学生对学校文化感兴趣。为此,学校和教师应该做到以下几点。

第一,自觉吸收学生文化中的积极因素,在校园文化的表达形式上更贴近学生的实际生活。学校文化要想吸引学生,在形式上应该做出主动调整和变革。高中生作为青少年,在面对新事物时往往会更有兴趣,因此在形式上需要增加青少年文化中的积极因素。例如,学校早操可以吸收一些街舞元素,变成学生喜欢的运动。在这方面,北京市的一些学校已经进行了有益的尝试,并取得了较好的效果。诸如历史等科目中一些知识性的问题,可以由教师编成顺口溜后传授给学生,激发学生的学习兴趣等。关于这方面的改造,不仅可以发动广大教师,还可以充分调动学生的积极性,让他们用自己的方式去改造现有的学校文化。在这一点上,学校应该持一种更开放的态度。

第二,拓展学生展示自我的舞台,丰富校园文化生活。学生在学校中的生活不能只有学习而没有其他。进一步丰富学生文化生活,是培养学生多方面才能、增强学生自信的重要途径。为此,学校可以在以下方面做一些尝试。其一,丰富学生兴趣小组。成立兴趣小组一方面有利于学生展示除学业成绩之外的优点,培养其学习研究的兴趣;另一方面可以使现有的音乐教室、实验室等场所得到充分利用。其二,每学期或每学年可以开展全校范围内的学生才艺大比拼,为学生提供一个展示自我才华的舞台。其三,积极利用班级板报。大部分班级板报的有效利用率都不高,没有成为学生在班级生活中展示自我的重要窗口。各班可以根据实际情况,将班级板报划分为若干区域,每个区域张贴学生得意的作品,可以是作文、诗歌、绘画等。其四,丰富宿舍文化。虽然大部分学生作息时间比较有序,但从文化的角度来看,高中生的宿舍生活则显得有些单调、乏味。学校应该允许学生自主装饰自己的宿舍(这种自主是有前提的,即不能破坏宿舍的公共物品),让学生的生活空间多一些青春的色彩。另外,每学年可以开展一次寝室文化节,并选出五星级宿舍加以表彰。其五,改造现有校园网。校园网的改造可以从形式和内容两方面进行。在形式方面,应该增加青少年文化的要素,使之变得更活泼;在内容方面,应该增设一些师生互动、家校互动的栏目和板块。有条件的班级可以尝试建立班级群,使班级管理工作的覆盖面更广、参与度更高等。同时,学生在班级群中容易形成一种主人翁的责任意识,有利于发挥其主动性和创造性。

第四节 德育管理要做好德育资源开发和利用

德育资源的存在是较为广泛的,同时其影响是非常普遍的。德育资源对于学校德育工作的影响不仅有正向的,还有负向的。在这些情况下,教育工作者需要以专业精神和专业能力对德育资源进行筛选、过滤及合理运用,使各种德育资源发挥积极、正面的作用,促进学生道德成长。

一、学校德育资源的开发和利用

学校德育资源是指学校内一切有德育影响的因素。依据构成要素的不同,学校德育资源可分为校园精神文化资源、校园物质文化资源、校园活动文化资源和学校德育人力资源。

(一)校长要善于挖掘校园精神文化资源,提升学生的人生境界

校园精神文化资源处于学校德育资源的核心位置,是学校德育资源的精华。一般情况下,校园精神文化资源主要由认识、情意、价值、理想四部分构成。认识包括教育方针、办学方向、课程内容、教法等。情意包括主体归属感、传统意识、团体心理倾向、师生忠诚品格。价值主要指师生在学校及其各种活动中共同习得的价值体系,是从认知中衍生出来的行为规范,可作为校园主体共同实现的目标。理想指主体对学校未来发展寄予的期望与追求,它构成主体的精神支柱、行为导向和推动力。

校园精神文化不但体现着师生的浅层观念,而且反映着深层理念,是大多数人认可并遵循的共同价值取向和生活信念。因而,校园精神文化直接影响着主体的精神状态,影响着学校办学方向和活动方式,制约着全部教育活动的进展。校园精神文化具有极强的渗透性,它浸透、弥散在整个校园的各种环境因素及校园主体群之中,形成一种浓厚的精神氛围,赋予学校和教师特有的个性魅力。这种精神性质的环境是通过校园主体共同实践,反复选择、凝练和积淀而成的,置身其中的广大学生具有向往感,在不知不觉中受到感染、熏陶和净化。[1]基于此,校长要善于挖掘校园精神文化资源,提升学生的人生境界。

(二)校长可以挖掘校园物质文化资源,熏陶学生的言和行

校园物质文化资源,主要应包括校园主体建筑、校园文化设施和校园美化物态。校园主体建筑指学校大门、教学楼、学生宿舍、食堂等。校园文化设施主要指图书馆、展览厅、报告厅,以及相关的设备、器物。校园美化物态,或称艺术生态,指草坪、树林、花坛、喷泉、雕塑、楹联等。

这些客观物体缺乏一定的生命和情感,但是,按照预期教育目标和适应学生成长的需要,精心设计和创造,也可能"活"起来。一个环境建设很好的学校,其校容校貌中透露出的浓烈的文化气息,体现出来的教育者的价值取向、志趣爱好及文化素养,不但能使学生得到美的享受,而且能像一位沉默而有风范的老师一样,使学生获得熏陶和感染,深刻地影响学生的思想品德、行为方式以及其对生活方式的选择。

(三)校长可以挖掘校园活动文化资源,陶冶学生的心灵

校园活动文化资源主要指自主性科研学术活动、课外活动、体育活动、师生之间和学生之间交往活动等。校园活动文化资源可以为德育内容提供载体,使其处于各种生动活泼、形式多样的活动之中,对学生具有极强的吸引力。它不仅使参与其中的学生在不知不觉中受到教育,学会鉴别、比较、判断、取舍,从而提高认识,使自己的思想道德向社会要求的方向发展,还可以感染、教育那些未能参加活动的同学,影响

---

[1]施国娟. 高中思想政治课德育资源开发利用研究[D]. 上海:华东师范大学,2011.

和改变周围的风气。

（四）校长需要整合学校德育人力资源，形成全方位的德育格局

德育作为一项整体性的育人工作，需要学校各部门之间协调和配合。但目前学校各方面的配合、协作并不理想，存在"脱节"现象。

第一，德育教师队伍与德育管理队伍在德育实施过程中"脱节"。德育教师主要负责第一课堂，德育管理部门如团委、少先队、德育处、班主任等负责第二课堂，这两支队伍在开展德育活动时缺乏沟通、协作，造成教育重叠、断层，浪费了人力、物力、财力。而事实上，这两支队伍的工作具有连续性，只有统筹安排、整体考虑，才能达到教育的目的。

第二，非德育教职工队伍和德育教职工队伍"脱节"。非德育教职工认为德育是德育工作者的责任，与己无关，工作中单纯完成自己的业务工作，管理育人、服务育人观念淡薄，不能从各自的角度和岗位发挥德育的影响作用，导致育人的主动性和积极性不强，德育教职工队伍孤军奋战，德育人力资源没有得到有效整合。而德育是学校的核心工作之一，每个部门、每个教职工都有育人的责任，德育绝不是少数部门和少数人的事。

因此，构建德育管理组织体系必须坚持整体性原则，从教书育人、管理育人、服务育人的角度规划和设计内部结构，调动全体教职工参与德育工作，形成合力，实现学校德育目标。此外，为保证德育目标实现，要建立德育岗位责任制，将德育目标分解到岗到人，明确育人职责。每个教师要根据自己的工作性质、特点制订育人计划，积极开展工作。要建立考评机制，督促、评价德育工作情况，考评标准要具体、明确。通过考评机制促进德育工作落实，避免有计划没行动、做好和做坏一个样的现象发生，保证德育工作的顺利进行和德育目标的有效实现。

这里需要指出的是，学校除了对校园内部的各种资源进行充分挖掘和利用，还应该在整个德育系统中，在各种德育资源的开发和利用中发挥主体性作用。学校德育所具有的整体性、开放性和动态发展性特征要求德育必须走出封闭的校园，努力使各种教育力量形成合力。正如教育家威尔森所指出的，个人的道德在家庭、学校以及社会中形成。

这三种场所为个人提供了道德学习所需的整合性背景。

因此，整合各种社会德育资源，是学校德育的出路，学校应当成为营造和谐的德育环境的主体力量。这意味着学校应作为个体道德成长社会网络中最能动的力量去主动连接其他社会环境系统，组合各种正面影响，形成合力。学校应当以先进的文化和教育资源，形成对其他德育环境积极而强有力的辐射和价值导向作用，并在与家庭、社区以及各种媒体的积极互动中使各种德育子系统得到改善和优化，形成有利于个体道德成长的社会德育环境。

需要注意的是，对德育环境资源的开发和利用不是一个孤立、分割、单向的过程，而是以学校为核心和主体的有机系统，是相互联系、相互作用、多维互动的过程。学校应以独特的文化和价值优势，自觉地承担起在整个社会价值环境中的特殊使命，积极能动地介入各种德育环境和资源之中，充分调动和发挥其潜在的德育价值，从而实现各个德育子系统以及社会德育环境整体的优化和发展。

二、校外德育资源的开发和利用

高中青少年的成长尤其是道德发展具有复杂性，这就要求教育具有开放性。因此，突破学校的围墙，广泛开发和利用校内外各种德育资源，成为学校德育的必然要求。各种社会机构积极参与学校德育，从而开辟了更为广阔的德育资源开发和利用的途径。下面主要以家庭和社区为例，分析校长如何开发与利用校外德育资源。

（一）家庭德育资源的开发和利用

家庭在青少年道德品质的形成和发展过程中起着不可替代的作用。苏霍姆林斯基明确指出人的全面发展取决于母亲和父亲在儿童面前是怎样的人，取决于儿童从父母的榜样中怎样认识人与人的关系和社会环境。也就是说，家庭教育为每一个孩子的道德世界涂上了最初的底色，而学校教育只是在这种底色上创作和加工。因此，家庭教育对学校德育具有重要的基础性和制约性作用，家庭环境是学校德育的基础环境。

在家庭中,经济和情感上的纽带会对儿童及青少年品德的形成提供心理上所必需的安全感、依恋感和归属感。失去这些,很可能会对青少年的道德成长产生不利影响。此外,在时间上,家庭德育成为学校德育的基础。青少年在入学之前就在家庭中获得了许多道德观念,建立了行为模式,这将成为青少年在学校系统接受德育的基础。所以,家庭对于青少年道德成长的作用是其他环境无法取代的。

家庭环境对德育对象的影响因素不仅包括家庭的经济状况、家庭结构、家长的职业及文化程度等客观因素,还包括家庭气氛、家长期望水平等。如此复杂的影响因素使家庭环境既可能对德育对象道德成长形成正效应,又可能形成负效应。例如,平等、和睦的家庭氛围会产生良好的德育影响,而不良的家庭氛围易使青少年产生心理损伤,使家庭成为对学校德育产生负效应的环境因素。因此,教育者需要具体分析德育对象的家庭环境,对各种因素的影响进行研究和分析,开发和利用积极因素,同时改变消极因素的影响,使家庭环境对德育对象产生积极作用。

对家庭德育资源的开发和利用主要包括以下几个方面。

第一,增强家校联系,建立良好的家校合作关系,帮助家长形成正确的德育观念。具体而言,学校可通过家访、家长会、个别约谈、家长学校等形式加强与家长的联系和沟通,及时了解德育对象的家庭德育环境和家庭德育状况,并通过交流体会,加强德育针对性。学校可根据家庭德育的实际情况和家长的需要,聘请心理学、教育学等方面的专家为家长做报告,开设家长学校的相关课程,帮助家长了解德育对象的道德品质的发展规律及心理特点,克服重智育、轻德育的片面认知,正确认识德育的重要性、科学性,增强家长对子女进行德育的自觉性和主动性,从而让家长积极配合学校做好德育工作。

第二,指导家长做好家庭德育资源建设,建立良好的家风(尤其是家庭价值观)。

家风是指一个家庭的传统作风和风尚,是家庭在长期生活中形成的,包括家庭成员的处事原则、行为习惯、生活方式等。家风一经形成,对每个家庭成员都有制约和影响作用。每个家庭都有自己的家风,良好的家风对子女思想品德和心理发展起到积极的推动作用。家风建设要坚持与时俱进的精神,反映时代的文明成果和精神风貌。家长需要树立民主平等、和谐关爱、勤奋好学、文明向上的家风,为子女健康成长创造良好的家庭条件。

在家庭德育资源中,家庭价值观是核心,制约和影响着其他德育因素。家庭价值观是一个家庭关于世界、社会、人生和婚姻家庭的基本看法和态度,主要包括家庭关系、社会、人生道德、审美、婚恋、教育等价值观念,往往通过家长的言行反映出来,并体现在家庭教育中。家长要树立与社会发展要求相一致的正确价值观,做到言传身教,给子女以积极影响,及时解决他们出现的思想问题,指导他们看一些有益的读物,开展各种形式的家庭活动,要求子女参与适当的家务劳动,帮助子女形成正确的价值观,树立良好的家风。

(二)社区德育资源的开发和利用

社区是高中学生除学校之外的主要活动场所,是指与一定地域相联系的社会生活共同体,要素包括共同生活于社区的人群,有一定界线的地域,适应社区生活的制度和相应的管理机构、服务设施,基于一定社会经济发展水平和历史文化传统的社会文化、生活方式,以及社区成员对社区的认同感和归属感。社区环境包括社区风气、社区生活秩序和经济状况、社区居民整体素质、社区习俗和道德规范、社区文体设施、社区人际交往、社区卫生环境等。

社区环境对青少年道德的影响有以下三个特征。其一,"任何人",包括学生在内的全体社区成员,都是德育的主体。其二,"任何时候",是指从人出生至生命终结,这个过程中的任何时候都要受到社区教育的影响。其三,"任何地点",是指生活在社区的成员在任何地点都受到社区的影响。

因此,社区德育具有生活化、实践化、社会化以及普遍性、全程性、全员性等优点。同时,由于社区是一个社会的缩影,社区德育不可避免地存在着主体道德水平的差异性、德育环境的不规范性、德育内容的两面性、德育方法的不可控性等缺点。因此,教育者需要重视社区德育资源的开发和利用,充分发挥社区德育的优势,同时尽力克服其缺点,使其成为学校德育重要的补充力量。

对社区德育资源的开发和利用主要包括以下几点。

首先,充分利用社区内的基层社会组织,开发社区德育人力资源。社区内的社区教育委员会、居民委员会、关心下一代工作委员会等基层组织,是重要的社区教育力量。这些组织中的成员大部分为离退休的老干部、老党员、老教师等。他们社会阅历丰富,富有社会责任感,关心青少年的成长,是重要的德育人力资源。他们一般通过为高中生提供校外文化生活服务、组织高中生利用节假日参加各种社区文体活动和社会实践活动、关心高中生家庭教育等来开展社区德育活动。学校要加强与这些组织的沟通和联系,形成高中生德育的合力。

其次,充分利用社区的各种环境设施,开发社区德育物质资源。每一个社区都有独特的物质环境和基本设施,因此,对社区德育资源的开发要因地制宜,要从社区的实际和特色出发,使德育资源得到有效利用。比如,对于处于革命老区的社区,学校可以组织"红色之旅"革命遗址参观纪念活动,老革命、老烈士的宣传学习活动,充分开发本地德育资源。而对处于旅游风景区的社区,学校可以通过组织"绿色之旅"的生态环保活动开发社区德育资源。此外,对于社区内的文化、体育、卫生等基本设施,以及公园、展馆、企业等各种资源都可以通过组织不同形式的活动加以利用,使学校德育更加丰富多彩。

最后,充分利用社区的历史、民俗等方面的特色,开发社区德育文化资源。不同的社区有不同的文化,社区文化会对学校德育产生不同的影响。一方面,不同社区文化产生具有不同特征的学校德育对象;另一方面,不同的社区提供不同的学校德育的文化环境。所以,对社区德育文化资源的开发和利用,要从社区文化的实际特点出发,具体分析其对学校德育的影响,扬长避短。

需要特别说明的是,学校德育与社区德育资源之间并非仅仅存在开发利用的关系。学校本身是社区最重要、最有文化自觉的组成部分,学校德育不能仅仅作为社区德育资源的被动的利用者,学校应当确立社区主体意识,采取主动干预策略,积极主动地参与社区德育资源的建设。

除了充分开发和利用社区的资源,教育者还需要充分挖掘社会的各种德育资源,使其发挥育人的效果。在这方面,很多教育者已经意识到诸多社会资源对于道德培养的价值与意义。但是,目前面临的制约问题之一是校外安全无法保证。很多学校未能充分利用校外资源,并非未意识到校外资源的作用,而是考虑到可能存在安全问题,"不敢"走到校外发挥校外资源的功用。为了解决这一问题,教育者可以在以下三个方面做工作。

第一,制定关于校外活动安全实施的详细规章制度。关于如何保证校外安全,当前有学校已经制定了部分规章制度,但是这些规章制度的可操作性不强。无论是教师还是学生,均意识到了安全的重要性,却不知道具体的步骤与方式。这反映出很多关于安全的规章制度更多地着力于理念,而非行动。从这个方面讲,学校需要依据活动的进行,从各个细节出发,设定相关的规章制度以及操作细则。

第二,让学生在实践中获得相关的技能。对学生进行安全教育,尤其是在校外活动方面的安全教育,不仅要让学生知道,还要让学生了解具体如何做。教育者要让学生在进行具体活动之前,了解相关步骤的具体实施方式,以及各种工具的应用方式,让学生在面临问题时,能够第一时间做出具体的动作,而非只有抽象的理念。在这方面,学校可以聘请校外的专业人员或组织讲授相关知识并让学生接触实物,加以练习。

第三,在活动正式进行之前,细化责任,落实到人。关于活动的责任,目前学校的规定较为抽象、单一,实际上,这不利于管理者进行一定的监督与预防。因此,学校需要根据活动的性质以及活动开展的状况(自然状况、学生的身心状况)细化可能出现的问题,并在此基础上细化责任,让每一项责任都更为明晰。

很多学校将责任过多地集中在班主任一个人身上,但由于班主任精力有限,容易顾此失彼,因此,学校管理者需要让不同的人员都相应地承担一部分责任,实现全员服务及监管。当然,这一模式也需要一个总的管理者,但是这一管理者更多是汇报并传递相关信息,而非独自承担所有责任。

三、媒介德育资源的开发和利用

媒介德育资源是指大众传媒传播的各种信息中潜在的德育资源。大众传媒是指面向大众传播一定社会信息的媒体。依据接收者的感觉方式,大众传媒可分为视觉系统接收的书籍、报刊,听觉系统接收的广播、录音,视听综合的电视、电影、录像、网络等。随着信息社会的到来,现代大众传媒已成为一种强有力的教育工具和影响个体社会化的重要力量之一,被称为除家庭、学校和同辈群体之外的"第四种教育力量"。大众传媒是直接向人们提供信息、发挥影响作用的,由于具有广泛、快捷、生动、形象、直观等特点,它已成为青少年获取信息的主要渠道,也对他们的思想和行为产生了广泛而深刻的影响。商品消费、大众文化通过大众传媒这种载体,不仅深入人们的日常生活,而且成为个体形成伦理道德观念的主要来源,这是当代学校德育发展的社会前提。因此,大众传媒成为不可忽视的重要社会德育力量。对媒介德育资源的开发和利用,包括以下几个方面。

第一,重视并加强对高中生的媒介素养教育,使其具备对各种信息进行价值判断、选择、鉴赏的能力。由于电视、网络的普及,高中生接触各种媒体的机会大、频率高,只有其自身具备很好的媒介素养,能够对各种信息进行理性判断和选择,大众传媒的正向作用才能得到发挥,负向作用才会被消解。

第二,教师要主动关注大众传媒对高中生的影响,并积极开发、利用有益的媒介资源,丰富学校德育的内容和形式。大众传媒对高中生的影响是一柄双刃剑,可能对高中生的道德成熟有益,但如果不加调控,会对高中生产生不良影响,对学校德育产生负效应。因此,教师应自觉关注大众传媒对高中生的影响,根据德育对象接触大众传媒的实际情况对其进行引导和干预,适度控制大众传媒对高中生的影响,并使其向有益的影响转化和发展。同时,教师可以积极利用电视、网络中有德育价值的各种信息,并将其纳入自己的德育内容,使德育内容更具时代气息,也更接近德育对象的生活世界。

第三,利用各种媒介手段,实现德育手段的多样化,并提高德育效果。要提升学校德育效果,教师必须尽快地熟悉学生采用的信息交流方式,尽可能多地使用他们正在使用的传播手段。例如,要建设、利用立体的校园信息网,如校报、校刊、学校广播电台、学校电视台、校园网等进行德育。但是,这个校园信息网在发挥德育功能时必须注意,在尽可能阻挡大众传媒中的消极信息的前提下,尽可能保障学生全面、客观地了解社会信息。此外,可通过组织学生观看优秀的影视作品、制作优秀个人网页等引导学生对媒介进行利用,同时使学校德育形式更为丰富多样。

第四,重视网络德育资源的开发和利用。当网络日益普及并对高中生的生活产生广泛而深刻的影响的时候,德育工作者就不能像鸵鸟一样对此逃避或视而不见,相反,要走在学生前面,以积极的态度驾驭和主导网络对德育乃至整个教育的影响和冲击。教育要完成的任务是赋予人以自觉选择的意志和能力。从网络社会道德发展的角度来看,教育要促使人能够充分利用网络作为自我发展的台阶。也就是说,在一个缺乏外界约束的虚拟世界里,教育所要做的最重要的工作就是建立起学生的道德主体性,使其具备价值判断和行为选择的能力,作为理性的道德主体负责任地存在于虚拟空间中。因此,对网络德育资源的开发和利用主要包括两个方面。

一方面,教师要充分发挥网络作为信息资源载体的强大作用,充分利用网络信息来充实德育内容,使德育内容不再枯燥单调,而是变得充实鲜活,让学生耳目一新,收获良多。同时,教师要引导学生利用网络信息进行自我教育,使网络成为学生道德成长的良师益友。另一方面,教师要积极占领网络阵地,主动出击,不断开辟网上德育阵地,搭建网络德育平台。比如,可以在互联网上创办具有德育特色的网站,开辟特色主页,设置有关德育内容的主流板块等。此外,教师可以利用网络与学生进行各种方式的沟通,如通过微博、QQ①、微信等,及时了解学生的内心世界,拉近与学生的距离,走进学生的生活。通过这样的方式对学生引导和教育,一定可以收到意想不到的效果。为了做到这一点,校长应该主动提升自我媒介素养能力,尤其是提高自己在新媒体时代的舆情回应能力,这就需要校长不断学习和掌握相关新媒体技术,了解网络舆情传播的特点,变被动为主动。

第五节　增强家校德育合作

到底应该由家庭还是由学校来承担德育责任,这是一个争议不断的话题。历史上对这个问题的回答可以粗略地归纳为两种。

第一种回答认为应该由家庭来承担学生道德教育的任务。这种观点集中反映在工业社会之前,尤其在学校正式建立之前,人们认为应该由家庭或宗教机构来承担对学生进行道德教育的责任。

第二种回答认为应该由学校主要承担学生道德教育的责任。随着工业社会的兴起,学校日益发展成为学生教育的唯一正规机构,承担着学生社会化的任务。尽管这个时候依然有个人或组织主张应当由家庭承担学生的德育工作,但还是难以撼动学校在德育中的主导地位。

当学校取代了家庭开始承担主要教育责任时,学校一方面巩固并凸显了自己在教育中的领袖地位,另一方面承担了更多的责任。这些责任在现代社会多元文化冲突和伦理价值观变革的影响下不断地成为学校难以承担的负担。学校越来越无力独自承担德育责任,而需要家庭乃至整个社会的共同参与。

这种共同参与的实践指向之一就是家校德育合作。家校德育合作,顾名思义,就是家庭和学校为了更好完成学生的德育工作,在行动上相互配合的一种互动方式。人们常把家校合作翻译为 family-school

---

① 一款基于互联网的即时通信软件。

cooperation 或 school-family partnerships。前一种翻译侧重于强调家庭和学校在行为上的相互配合和相互促进，后一种翻译侧重于强调家校之间相互理解、相互支持的良好关系。家校之间的良性互动离不开学校领导的支持和推动，校长是一所学校的灵魂，高中校长不仅要接受教育行政部门自上而下的领导，还要回应社会，尤其是家长群体的意见和诉求。

家校合作的质量和成效已经成为评估高中校长领导能力的重要指标之一。那么，校长在家校德育合作上应该关注哪些内容呢？笔者认为校长要把握三个关键命题：第一，在理念上，寻求家校德育合作的一致性，这是开展家校德育合作的前提；第二，在战略上，掌握促进家校德育合作的理论模型，这是实现家校德育合作的保障；第三，在策略上，提供家校德育合作载体，这是家校德育合作的平台。

一、前提：家校德育合作理念一致

众所周知，现代学校教育是社会分工的产物。学校中的集体教学、机构设置、班级组织、成员身份等都表现出现代社会分工制度的痕迹。正是在这个意义上，学校教育被定义为"由专职人员和专门机构承担的有目的、有系统、有组织的，以影响入学者的身心发展为直接目标的社会活动"。教师被定义为接受社会的一定委托，在学校中以对学生的身心施加特定的影响为主要职责的人。在社会分工的影响下，学校被社会大众预设为专门的教育机构，承担着帮助学生从自然人成长为社会人的专门职责。因为有人专门负责，所以家庭逐渐退出学生教育的舞台。随着家庭教育边缘化日益加重，人们发现完全依赖学校无法保证学生的教育质量，因为学校和家庭共同构建了完整的学生生活场域。离开了家庭，学校难以独自承担德育责任，正如苏霍姆林斯基所说，只有学校教育而没有家庭教育，或只有家庭教育而没有学校教育，都不能完成培养人这个极为细致、复杂的任务。最完备的教育是学校教育和家庭教育的结合。

绝大多数校长都认同家校德育合作的特殊意义，但依然有一些校长对家校德育合作持保留态度。这里笔者需要再次强调家校德育合作的必要性和可能性。

（一）学生成长是家校的共同作品

拥有一个共同的目标是不同主体之间合作的基础。没有契合的目标，所有的合作徒有表象。家庭和学校合作的前提是双方都希望并致力于培养一个好孩子（学生）。家校承担着教育学生的共同使命，这种共同使命要求家校必须合作。在德育实践中最常见的问题便是家校德育责任推诿，它包括学校向家庭推卸德育责任，以及家庭向学校推卸德育责任。[①]

（1）学校向家庭推卸德育责任

有调查显示，学校教师普遍认为道德教育主要应该由家庭承担。97.2%的教师认为"道德教育主要是家长的事情"。超过一半的教师认为"家庭环境对学生道德形成有最重要的影响"。不少学校认为自己的德育成效非常有限，学校没有能力承担德育责任，22.9%的教师认为"学生的道德状况让我忧心，但是我无能为力"。

同时，笔者查阅部分教师访谈发现，教师将德育责任推卸给家长的时候主要有以下几种理由。其一，学校对学生的道德教育只能起到辅助作用。学生的道德在入学之前已经在家庭教育中形成，学校教育无法改变这些思想观念。另外，学生的思想道德素质直接由其家庭背景和家庭氛围决定，父母的言行举止直接影响了学生的道德观。其二，父母是和孩子最亲密的人，家庭有着天然的德育教育优势。由于亲子纽带和家庭共同情感的存在，家长对学生进行道德约束和道德训育的优势非常明显。家庭对学生进行道德教育能够收到事半功倍的效果。而教师则没有这种天然的德育优势。其三，父母是孩子的直接负责人，因此家长不能仅仅指望别人教好自己的孩子。教师有着各种繁杂的教学任务，要同时面对数十名甚至数百名学生，教师无法针对每个学生的思想特点进行道德教育。在这些思想的影响下，学校推动了与家长开展合作、分摊责任的办法。其中有一种方法比较典型，就是家校责任书制度。

---

①王玉. 高中班主任与家长沟通问题研究[D]. 哈尔滨：黑龙江大学，2018.

从家校分工合作、责任分摊的角度上看，家校责任书制度是有一定道理的。但是再仔细分析一下便可以发现该制度似乎有点"偏心"。毕竟该制度是由学校设计和推动的，是在学校难堪重负的背景下产生的，所以在一定程度上对学校更有利。

第一，家校责任书制度的目的是提醒家长承担责任，即家长应明白自己的责任与教师的责任，以免把教育责任都推到教师身上，同时要求教师减少和避免承担责任，即教师不必也不能把责任都揽到自己身上。

第二，家校责任书制度划定了责任边界。如学校只负责学生在校的情况。除此以外，学生的情感、道德、心理、行为习惯等则属于家庭。学生在家学习情况、与人交往情况、思想情绪变化都应在家长掌握之中，教师只负责学生在校的学习及其他方面的情况。家长必须教育子女热爱学习，遵守公共秩序，与同学和睦相处等。

第三，家校责任书制度过分彰显"一切后果学校不负责任"的推诿心态。如"如子女不听学校、家庭的教育，发生不安全事件，一切后果学校一概不负责任""家长必须教育子女热爱学习，按时完成学习任务，不得以任何理由逃学，对逃学者学校、班主任一概不承担责任"。这些规定确实略显"霸道"。因为学生逃学、不听话等"坏表现"或多或少与学校有一些关系。学校片面地将学生逃学的原因归结为家长没有教育好孩子似乎有点勉强。

（2）家庭向学校推卸德育责任

相关调查显示，26%的家长认为"道德教育是学校的事情，与自己没有关系"。30.6%的教师认为"家长总是把孩子的道德教育任务推卸给教师"。同时其他学者的调研结果显示，超过一半的家长认为对孩子道德养成影响最大的是老师的言传身教。一些父母把孩子送到学校后，就把教育孩子的责任全推给了学校，他们认为教育孩子主要是学校的事情。既然学校开设了思想品德课，家长就没有必要再对孩子进行专门的道德教育。

有些家长有试图推卸德育责任的想法和行为，这种想法和行为有可能是生活所迫或能力所限，是情有可原的，但这些表现确实反映出家长推卸德育责任的事实。

第一，家长没有时间和精力承担德育责任。现代社会人们的生存压力和工作压力相对较大，因为生活或工作原因而放弃或减少对青少年教育的现象绝不是少数。尤其在一些大城市和高竞争的职业部门，家长的工作时间长，工作压力大，很多时候还需要加班，工作占据了生活的大部分时间，有些家长甚至很难和孩子碰面。亲子沟通和交往的时间极其有限，家长确实很难顾及孩子的教育问题。

第二，家长不知道如何教育孩子。很多家长希望教育好孩子，但是往往不知道该怎么做。尤其是当孩子出现不好的表现时，他们很焦虑，很想帮助孩子，但是由于没有掌握与孩子沟通的方法，很难找到纠正孩子的方法。相对而言，家长更擅长督促孩子对知识性学科进行学习，如听写英语单词、检查语文背诵等。

第三，家长寄希望于教师对孩子进行德育。在德育实践中，一些学校和一些家长并没有共同承担起对高中生进行道德教育的任务。长期以来无论在教育界，还是在家长的社会舆论中，都存在一种错误的观点——对学生进行道德教育，在入学前是家庭的责任，而入学后就只是学校的责任了。这导致出现学校教育与家庭教育、社会教育分离的现象。家庭教育和学校教育并没有达成一种积极、有序的合作，而是各自为政，大大削弱了德育的实际功效。

（二）家校德育合作可以优势互补

1.学校教育的优势和特点

与家庭相比，学校教育最大的优势和特点是学校是一个专门的教育机构，专业从事青少年教育工作。学校教育的优势和特点集中地体现在以下几个方面。第一，学校教育具有社会化取向。学校教育的目标是为国家和社会培养合格的公民和建设者。这种社会性的目标虽然强调兼顾学生个性发展，但在某种程度上偏向对个人的社会属性的诉求。第二，学校教育具有专业性。专业性集中地表现在学校教育是由受过专业训练的专职教师承担的。学校教师往往经过层层选拔、专业的职前培养和一系列在职培训。教师通常有自己的专业特长，并且掌握与教育有关的理论和实践方法。与家长相比,通常教师更有能力对学生进行教育。第三,学校教育具有科学性。正因为学校教育有国家预设的目标和专业的教师,所以学校教育的各个部分都在一定程度上比家庭教育更系统、更科学。尤其是学校的教育内容、教学计划等是经过非常严谨的研究和反复设计构建的。

2.家庭教育的优势和特点

与学校教育相比,家庭教育最大的优势和特点是亲子血缘关系的情感优势能够帮助青少年沉淀出稳固的内心情感。家庭孕育了一个人的基本德行,抚慰了一个人迫切的情感需求,奠定了一个人的生命质量。这种特殊性是学校教育所无法企及的。家庭教育的核心体现为一种非功利性的情感交往活动。这种活动有以下几个特点。第一,家庭教育具有非功利性。这些活动流淌在每天的家庭共同生活之中,是来自家人本能的、内在的交往需求,而不是为了达到任何外在的功利性目的刻意为之。第二,家庭教育具有情感性。家庭教育和学校教育相比,富有更深沉的情感因素,家人之间浓厚的情感所散发出来的温暖和善意是任何其他类型教育所难以企及的。第三,家庭教育是一种生活教育。在生活中教育下一代是家庭教育的重要特点,它与学校教育有很大不同。学校教育是通过"人为构建一个教育因素来有意识地塑造学生",而家庭教育没有这样的"人为制造"内容。家庭教育向孩子展现了一个真实(有时甚至是残酷)的世界。家庭生活和家长的行为每时每刻都在教育着孩子。这种真切体会对孩子产生的影响往往更加深刻和牢固。这三大特点是家庭教育区别于学校教育的关键,也是家庭教育的重要性和特殊性所在。

二、保障:掌握促进家校德育合作的理论模型

促进家校德育合作的过程中,校长是当之无愧的领导者。校长除了需要树立正确的、科学的、先进的家校德育合作理念,还要明确自己在家校德育合作框架下的责任。校长作为学校的领导者和管理者,承担着不同方面的任务。校长在促进家校德育合作中的职责更多地体现为整体引导。校长是规划者、引领者和建构者,而不是某个具体方案的

实施者,因此校长在思路上必须清楚自己的任务,避免眉毛胡子一把抓。校长应进行学习,掌握促进家校德育合作的理论模型。

三、平台:家长委员会在家校德育合作中的作用

校长应该在理念上树立家校德育合作的意识,并且在战略上掌握家校德育合作的理论模型。在此基础上,校长要熟悉德育工作的主要阵地——家长委员会,科学规范的家长委员会在家校德育合作中发挥的作用极大,主要体现在以下几个方面。

(一)促进家校德育工作深度融合

1.推动学生核心素养提升和全面发展

崇高的理想信念、良好的文化素养、优秀的道德品格、健康的心态和人格是学生道德培育的核心目标。父母是培养孩子优良道德品质和良好行为习惯的第一任教师。学校教育重视教书育人、环境育人、实践育人,坚持与家庭教育、社会教育相结合。家校共育,发挥好家长委员会的作用,才能形成育人合力。

2.促进家长德育观念转变

习近平提到:家风是社会风气的重要组成部分,家风好,就能家道兴盛、和顺美满;家风差,难免殃及子孙、贻害社会。可以说,没有良好的家庭教育,就不可能有良好的社会道德之风。要对学生更好进行德育,提高家长素质,特别是转变家长的德育观念非常重要。家长委员会的建立,能够更好促进家长德育观念的改变。

能被推选进家长委员会的,大多是班级或者年级中素质较高或比较有威望的家长,他们往往比较有号召力和感染力。一方面,家长委员会成员不断提高自己的素质,树立正确的德育观念,分享自己的德育事例,向其他家长分享自己的感悟,从而发挥良好的榜样示范作用,在与其他家长交流的过程中多谈德育问题,使家长们不断树立智育与德育并重的观念,进而行动起来,将对学生的德育教育渗透进家庭的日常生活中。另一方面,家长委员会成员中有人从事教师、心理咨询师等职业,他们对于学生的心理变化或者对学生进行德育有比较好的经验,通过开展家长座谈会和培训会,分享好的德育书籍或者教育事例以及先

进的教育方法,给其他家长启发和帮助,使更多的家长有能力参与到对学生的德育中来,从而解决他们德育经验缺乏无从下手的问题。

家长委员会成员利用各种资源优势,邀请专家学者等从专业角度讲解家长对学生教育的重要性,为他们解答德育过程中的疑惑,让家长了解到家庭德育不仅仅包括父母的"言传身教""身体力行",还包括孩子的"自我教育""自我完善"。让家长认识到,对孩子的教育要晓之以理,动之以情,导之以行,要采取方式,让学生受到感染鼓动,从而认同、理解、接受教育。

家长委员会促进家长观念转变,从根本上重视德育,从一言一行中影响学生,发挥好家庭这个德育的重要阵地,从而为更好对学生进行德育奠定基础。比如,有学校通过家长委员会,在村文化大院召集家长,经验丰富、表达力强的老师和家长代表,将现代德育新理念传达给与会家长,并结合孩子的具体实例,现身说法。同时学校代表把一些教育专家关于家庭教育的录像光盘带到现场,和与会家长一起观看、一起讨论。在唠家常的宣讲中引起听者的共鸣。

3.拓展家长间的沟通渠道

在德育过程中,一个或者几个家长的能力和经验都是有限的,接触到的资源也是有限的,为更好进行德育,家长之间需要相互借鉴共同学习,这时候就需要一个便捷高效的沟通渠道。家长委员会积极了解掌握各个家庭的详细情况,挖掘家庭潜在的教育资源,每个家庭、每个家长都有自己特有的优势,家长委员会结合各位家长的实际,整合资源,通过开展活动,引导家长互动交流,使各位家长优势互补,使各种资源最大限度得到利用,从而达到一加一大于二的效果。例如:家长委员会定期举办家庭教育主题的讲座,将各位家长集合起来,家长既可以听取专家先进的理念和方法,又可以在与其他家长的交流中互相学习、分享经验、取长补短,或者组织家长孩子一同参加各种有意义的公益小活动,在实践中共同学习成长。

网络时代的发展,方便了人与人之间的交流,家长委员会利用网络搭建起更加快捷、便利的家长交流沟通的平台,鼓励更多家长参与到德育过程中来。家长委员会的成员可以推选出专门人员担任德育监督员,并由监督员带头在班级建立专门的家长德育群组,方便家长之间随时交流、沟通德育心得,让他们积极参与到对学生的德育活动中来,为德育工作出谋划策。利用网络让家长就怎样培养和教育子女问题互相传递宝贵经验,让学生身心健康发展。

总之,家长委员会通过多种渠道的开发,使各位家长密切联系起来,并肩作战,真正参与到德育中来,形成一个网状的家长互动体系,充分发挥家庭教育的优势,为德育工作奠定良好基础。比如组织举办论坛,将学生家长聚在一起,把各自教育孩子的理念、方法,包括对教育孩子的一些困惑,都拿到桌面上来谈,相互交流借鉴、相互出谋划策。既能分享成功的案例,促进大家共同提高德育能力,又能让家长彼此站在旁观者的角度互相指出教育中的问题并且提出客观有效的解决办法,活动促进了家长之间的交流沟通,获得了家长的一致好评。有学校的家长委员会策划创造了一种新型家访,即家长访家长,孩子访孩子,通过家长带孩子家访,大家可以畅谈各自的家教心得,共同探讨孩子的德育现状。

4.搭建家校德育合作桥梁

近年来,一些基层教育工作者指出了德育"5+2=0"的现象,其中的"5"是指学生在一周五个学习日内在学校接受的正面教育,"2"是学生双休日回到社会后接触的消极、负面影响,"0"指教育效果。"5+2=0"意为学生在学校接受的正面教育与回到社会所接触的消极、负面影响互相抵消,教育效果为零。为了走出"5+2=0"的怪圈,需要家校沟通互助。

家长委员会作为沟通家庭与学校的一个组织,它有利于促成教育联盟,形成家校良好对话。通过家长委员会的联结作用,学校从单纯把家长作为教育对象转变为与家长结为教育同盟,发挥同盟军的协作、激励作用。这样,学校可以倾听来自家长的声音,建立一种更开放的交流平台,增进双方了解和信任。学校可以吸纳家长向家长委员会反馈的意见和建议,根据家庭教育的需要聘请专业人士组织家长参与德育业务培训,提升家长的育人能力,同时让家长从不同的角度深入了解学生,根据学生在学校的实际状况给予针对性教育。家校协同,齐抓共育,真正为学生的德育发展铺平道路。在德育工作中,家长委员会有目的、有计划、有组织,才能走出德育误区,提高德育实效。比如,家长委员会在学校网站开家长委员会专栏、设立家长信箱等进行家校沟通。进行家长网校建设、家长委员会网上平台和家长网络留言板的建设，构建起多层次、多方式、高效顺畅的家校联系机制。

（二）扩展德育社会实践活动

1.带领学生参与德育社会实践

中学德育的对象是青少年，他们终将要踏入社会，成为一个社会人，因此学校应该培育符合社会发展要求的中学生。同时，对中学生进行德育是一个复杂的过程，不仅需要学校教育、家庭教育，还需要社会教育，三位一体，形成合力，才能更加有利于学生成长。家长委员会可以引导家长促进其所联系的社会资源为学校所用，使社会资源得到延伸利用，从而促进学生德育。中学生处于特殊的年龄阶段，社会对其有非常大的影响。这个影响既有正面的，同样有负面的。

良好的社会环境会使人心情畅快，产生奋发向上的精神力量。比如，学生上下学的路上会发现路边的广告牌等张贴着社会主义核心价值观，建筑物的墙上印染着尊老爱幼的宣传彩花，公交车上播报好人好事，公园的LED屏幕上展示国家的文明富强等，这些在无形中促进学生生成积极向上的力量。家长委员会引导父母克服学校不便带领学生走向校外的难题，利用这些社会资源优势，周末节假日期间带领学生走向社会，在实践中渗透德育。例如，为了培养学生的爱心和奉献精神，家长带领学生参加志愿服务实践，去社区街道、车站等人员密集的地方疏导人流，到敬老院、福利院帮助弱势群体做力所能及的事情，到自己所在的社区或者乡镇进行义务劳动，打扫卫生，做环保宣传，体验劳动带来的喜悦与光荣；走向自然，进行远足，感受自然的广阔和宏伟，在"读万卷书，行万里路"的过程中自觉践行社会主义核心价值观；参观红色教育基地，感知现在的生活来之不易，产生敬畏感、民族自豪感和责任感。利用这些丰富的社会资源，让学生在实践中体验，从而有效提升道德品质。学生在活动中感悟颇多，形成了良好的德育成果，家长委员会的参与不仅丰富了社会实践课程资源，还为学校新课程的实施破解了实践的难题。

当然，社会上也存在不利于学生健康成长的因素。家长委员会联合学校，配合有关部门对校园及周边环境进行综合治理，加强监督，为学生健康成长创造良好的社会环境。同时倡导大众传媒为中学生提供有益的精神文明作品,利用社会上各种适宜的活动场所,整合各种教育资源,开展富有吸引力的思想教育和文体活动,教育学生恪守网络道德,阅读、观看健康有益的图书报刊、音像和网上信息,丰富学生的校外精神文化生活,提高学生的自我约束和自我保护能力,让学生自觉抵制各种不良风气。

2.组织社会生活素材进校园

随着社会的发展、科技的进步,中学生获取社会上的信息也越发方便,他们接受着各种各样的或真或假的报道。如果不能让他们真正走向社会,不能让他们切身感受大千世界的真善美和假恶丑,他们就无法深入思考,就没法得到真正意义上的教育。只有让他们深入实践,给予他们接触社会的机会,把社会上的"真、善、美"形象直观地呈现在他们的面前,才能引导他们客观看社会,引导他们树立正确的人生观和价值观。家长不仅是社会的"细胞",更是联结社会教育资源最广泛、最密切的纽带。家长委员会可以借助资源优势积极争取,鼓励社会各界人士走进学校,通过各种方式有计划地为学生进行辅导培训,不断提高学生明辨是非的能力,优化育人环境,促进学生健康成长,营造良好的氛围。例如,家长委员会邀请英雄人物和劳动模范进校园讲先进事迹,给学生树立人生榜样;请科技辅导员、法治管理员、心理健康辅导员、卫生常识辅导员、环境保护辅导员、劳动技能辅导员等进校园,让学生接受各类知识教育,丰富生活阅历,提高各种生活能力,提高综合素质。比如,潍坊北海学校联合家长委员会开展"千名名家进校园"活动,利用当地得天独厚的教育资源,把各行各业的名家请进校园,借助名家的影响力,现身说法,在学生心中树立榜样、树立正确的人生目标。活动通过名家对中国传统文化、精湛民间技艺、世界领先现代技术的讲解,扩宽学生的认识领域,加深学生对祖国的认识与了解,全面提高学生的思想道德水平和人文素养。

第五章 抓住学校教育细节

第一节 提高课堂教学效率

一、课堂教学效率的本质

关于课堂教学效率的本质,仁者见仁,智者见智。

不少学者对课堂教学效率的问题进行了探讨,但观点基本差不多。目前大部分人基本赞成这样的观点:最终应追求投入时间、精力和物力最小化,取得教学成果的最大化。具体而言,最基本的课堂教学效率要求,能够有效达成该课时内容的三维教学目标,并且学生分别从了解、理解、认知的角度达到课程要求。学生除了在知识层面有较大收获,还应该有综合能力的发展。

总体来说,一般对课堂教学效率的本质研究可以概括为三大层面:一是关注学生对课程标准所要求的知识内容的掌握程度、他们的综合能力是否提升,以及情感、态度、价值观的变化程度;二是关注教学成果是通过怎样的途径和方法获得的,例如,教师是否实现了精教,学生是否实现了精学;三是关注教师与学生这两个群体是否都对自己的收获感到满足。

笔者对于课堂教学效率的理解如下:每个学生在有限的时间内,知识掌握程度的加深、能力的提升、品德的提高等总和与学生自身投入精力总和的比值,该比值越大,课堂教学效率一般越高。此外,笔者认为,课堂教学效率与课堂教学过程的完整性、教学模式的新颖性、是否关注了学生的人身发展、学生是否感觉到了学习的快乐、是否激发了学生的求知欲,教师是否感受到了教书的幸福感等因素有关。倘若相关方面都很好,就是高效课堂。

二、提高课堂教学效率的相关理论

在现今的多数课堂中,降低课堂教学效率的因素基本与教师有关。在现今流行的教学模式中,一些教育工作者追求的主要是教学论与课程论相结合的模式,他们融合国外的一些新理论然后根据具体情况进行分析、借鉴并加以创新,以提高课堂教学效率。而课堂教学效率的提高应该是基于学生的认知心理学特点的,高中学生通常具备一定的信息加工能力,重要的是学生要发自内心觉得课堂学习是一个自我实现的过程。因此,在现有理论知识的指导下合理改变教学的方式方法,对提升课堂教学效率具有实际作用。否则,学生只是被动承受,收获较少。

建构主义学习理论强调以学生为中心。该理论认为教师如同导演,是教学环境的设计者和指导者;学生如同演员,通过参与分工协作,共同完成各个项目。建构知识的意义,在于将知识内化,变被动学习为主动学习,最终达到教学目标。学习不是简单传递知识,而是学生学会主动建构知识框架。[①]

信息加工学习论可以解释人们如何经感觉器官察觉并进行注意、辨别、记忆等一系列活动,最后吸纳并综合运用知识的历程。美国心理学家加涅擅长绘制各种学习理论概念图,他认为学习的过程可以被划分为八个部分:动机、理解、实施、修改、回忆、概括、行动和反馈。信息加工学习论可用来解释人类的许多心理过程,揭示人类高级心理活动的神秘面纱。笔者相信若能够在高中课堂教学过程中运用信息加工学习论,对于大部分教师探究改进学生学习某一学科的过程应该有很大的帮助,同时,可以提升教师的教学质量、课堂教学效率。

人本主义学习理论包括以下几个重要观点。一是重视自我概念的发展。自我概念指一个人的信念、价值观以及他的基本的态度。每个人认为自己所需要学习的内容,以及所想达到的期望目标,往往很大程度上取决于对自己的看法。不同的个体经常通过碰到的事物是否与自我

①韩玲.高效率教学的理念与操作[M].天津:天津教育出版社,2013.

概念一致而表现出来不同的行为方式。当自我概念与期望达到的目标相吻合时,个人通常就会产生积极的想法,学习也就自然能够取得较好进展。二是强调以学生为中心的教育理念。在这个过程中,教师必须把学生看成完整的人,坚信学生的本心是乐观积极向上的,坚信学生能够不断完善自我和挖掘潜在的能力,最后能够实现自我。在教学的过程中,教师应时刻以学生为中心,视学生为主体。对于学生各种奇思妙想要给予充分肯定与尊重,同时要尽量创造条件,让他们有机会自己动手去实现想法,满足他们对于知识的渴望。三是主张有意义学习。不涉及知识与情感的学习是"无效学习"。有意义学习是指某个个体的行为态度、个性和该个体的选择受环境的影响通常会发生改变的学习。这类学习不仅能够增长知识,而且能够让人的各个部分经验都结合在一起。四是促进学生学习能力的发展。教育教学的目标应定为培养充分发挥作用的人,充分激发每个学生的潜能;使学生在现实中能够自我提高,行为恰当,同时,具有创造性,能够适应发展变化。此外,学生应富有自信、懂得自尊也尊重他人。所以,教育教学的目标也应包含使学生努力成为会学习的人,会随机应变的人,继而成为能够适应社会、充分发挥作用的人。

三、提高课堂教学效率的方法

教师和学生是课堂的主体,要想提高课堂教学效率,校长应要求教师做到以下几点。

(一)转变观念

教学改革对教师提出了新的要求,教师的职责不再仅是把知识教给学生,教师还要教会学生学习,培养学生学习技巧。在教授新课程时,教师不能直接把教学内容讲给学生听,而是要用问题调动学生的兴趣,让学生积极、主动地探索和发现新内容,这样要比直接讲更加深刻且更具有说服力。教师在讲解过程中可能会对实际问题进行抽象处理,对旧知识进行归纳、推理和总结,这些都是知识形成的过程。若学生了解这些知识的形成过程,弄清来龙去脉,就能从整体上对知识的结构有更深了解,"活"学知识。要实现这一教学目标,需要教师转变观念先付出更多时间和精力了解这些知识的形成过程,然后引导学生不断探究、不断发现和不断学习。在教学过程中,学生的思维能力也得到了发展,学生学习知识不再是死记硬背和生搬硬套,而是活学活用。学生对学习不再有畏惧心理,长时间保持积极的态度,会发现学习带来的乐趣,积极参与教学过程。同时,学生良好反馈有助于教师提高课堂教学效率。

(二)有明确的教学目标

教学目标分为三大领域,即认知领域、情感领域和动作技能领域。因此,在备课时教师要围绕这些目标选择教学的策略、方法和媒体,进行必要的内容重组。

(三)学会课堂的导入方法

在众多课堂教学的环节中,课堂导入起着重要的作用,是教师引导学生参与教学的重要工具,课堂导入质量的高低对课堂教学效率影响很大。好的导入能引起学生关注,学生参与教学的积极性和主动性就会更高,教学效果也会更好,课堂教学效率会更高。

(1)直接导入法

在课堂的开始,用简洁明了的语言向学生介绍新课内容,导入新课。用学过的知识引出新的知识的直接导入法不仅简单明了,还可以带学生复习学过的知识点,让学生了解前后知识的联系。

(2)设疑导入法

设疑导入法不像直接导入法那么直接,但能更好引起学生的好奇心和求知欲望。例如,一些抽象的内容可能比较难理解,教师可以采用设疑导入法,用疑问引起学生的好奇心,让学生对这堂课要讲的内容产生求知的心理。

(3)创设情景导入法

创设情景导入法就是设定相关的具体的情景,让情景引起学生的好奇和兴趣。例如,在"圆与圆的位置关系"这一课中,教师可以先让学生画出圆和圆能有什么样的位置关系,同时可以给学生讲一个和这节课内容相关的小故事,引起学生的兴趣。有一天,哲学家芝诺的学生问他:"老师,这世上还有您不知道的东西吗?"芝诺用风趣的话语回答了他的学生:"假设你知道的知识用一个小圆来表示,用一个大圆代表我知道的知识,虽然大圆的面积比小圆的面积大,但是这两个圆外面的部分都是不知道的,这就是无知面。圆越大,圆周接触的空白部分就越多。"讲完这个故事,教师可以让学生谈谈自己的感想,然后引入新的课题。虽然只是一个小故事,但足以引起学生的好奇。

(四)善于应用现代化教学手段

随着科学技术的飞速发展,对教师来说,掌握现代化教学手段显得尤为重要和迫切。现代化教学手段有以下几个显著特点。一是能有效增大每一堂课的课容量,从而把原来需要四十五分钟讲完的内容在四十分钟内就讲完。二是可减轻教师板书的工作量,使教师能有精力讲深讲透所举例子,提高讲解效率。三是直观性强,容易激发学生的学习兴趣,有利于提高学生的学习主动性。四是有利于对整堂课所学内容进行回顾和小结。在课程临近结束时,教师应引导学生总结本堂课的内容。通过投影仪,内容可以瞬间跃然"幕"上,使学生进一步理解和掌握本堂课的内容。在课堂教学中,像板书多的内容,如立体几何中的一些几何图形、一些简单但数量较多的小问答题、文字量较多的应用题、复习课中章节内容的总结等,都可以借助投影仪来完成展示。可能的话,教师可以自行制作电脑课件,借助电脑来生动形象地展示所教内容。如正弦曲线、余弦曲线的图形、棱锥体积公式的推导过程都可以用电脑来演示。

(五)选取好例题和习题

选取例题和习题时,要注意其是否具有典型性、梯度性和新颖性,还要注意选取的题目难度应适中,最好是有多种解法,当然最重要的是根据学生的具体情况而定。只有这几点都注意到了,学生的积极性才能更好地被调动起来。教师还应教给学生学习方法和解题思路,一层一层引导学生进行深度思考,培养学生的思维能力,让学生养成良好的学习习惯,进而提高课堂的教学效果。例题和习题选取,需要教师认真筛选,不在于数量多,而在于有代表性。

（六）布置好课后作业

学生的学习基础和能力因人而异，每个班级都有接受能力较强的学生和接受能力较弱的学生，教师在布置课后作业的时候要认识到这一点。例如，对于接受能力不是很强的学生，教师布置的作业要以基础知识为主，巩固和复习知识点和典型例题，选取的习题要基础，符合学生的接受能力。课后作业是对学习的知识的一种检测，能对学生学习起到查漏补缺的作用，教师要利用这一环节帮助学生更好完成学习任务。

（七）对学生在课堂上的表现，及时加以总结，适当给予鼓励

在教学过程中，教师要随时了解学生对课堂内容的掌握情况。如在讲完一个概念后，让学生复述；讲完一个例题后，将解答过程擦掉，请学生上台板书解答。有时，对于基础差的学生，可以多提问，让他们有较多的锻炼机会。同时教师要根据学生的表现，及时进行鼓励，培养他们的自信心。

总而言之，教师要采取相应的教学措施完善教学过程和提高教学质量，培养和提高学生的思维能力，提高课堂教学效率。实践出真知，只有通过不断实践，才能找到适合的教学模式和教学道路，开发更多有效的教学方法，提高课堂教学效率，让学生充分了解知识，体会到知识的魅力，畅游在知识的海洋中，消除对学习的畏惧心理进而爱上学习。

第二节 重视科技创新教育教学

高中校长应当重视科技创新教育教学，例如在学校开设科技创新校本课程。接下来笔者以科技创新校本课程为例，进行详细阐述。

一、科技创新教育教学的理论基础

理论是实践的基础，目前国际上比较权威的关于科技创新教育教学的理论有探究式教学理论、多元智能与项目教学理论、TRIZ理论（发

明问题解决理论)等。目前国内流传较广、影响较深刻且实践性较强的理论主要有两个:探究式教学理论和多元智能与项目教学理论。这两个理论的相关内容如下。

第一,探究式教学理论。探究式教学是当前国际科学教学改革中被各国教育界所大力推崇的。探究式教学不是指一种具体的教学方法,而是指教师在理解科学探究这一基本精神的基础上,在自由创设的、有结构的、能促进学生认知与情感发展的教学活动中,让学生自己动手、动脑获取科学知识的一种教学方式。通过探究式教学,学生学会发现问题、思考问题、解决问题、形成理论的科学探究过程。

第二,多元智能与项目教学理论。多元智能与项目教学理论是多元智能与项目教学模式融合的一种学习理论。多元智能之父霍华德·加德纳认为人的智力不能简单用智商来衡量,而应该从语言、音乐、逻辑—数学、空间思维、身体—动觉、自我认知等方面进行综合评价。他认为在正常的发展过程中,这些方面实际上从生命的开始就相互作用。而项目教学则是学生根据自己的兴趣爱好、专长来选择适合自己的项目进行学习,能充分提高学生主动学习的意愿,提高学生解决问题和信息收集的能力,丰富学生的学习经验。美国学者莎莉·伯曼首先提出了多元智能与项目教学理论,提出了帮助学生实施项目学习的指导策略,如收集、加工、应用信息的策略。这种融合为科技创新教育教学提供了很好的参考。

二、科技创新教育教学的要点分析

(一)激发学生的学习兴趣

科技创新教育教学要顺利展开,首先要激发学生的学习兴趣。实践中最好涉及比较新颖或者学生以前没有接触过的内容,如探究科学课程、极限学习活动。它们与传统教学内容有很大的不同,开放性较强、有挑战性等特点使学生的学习兴趣有了很大提高。

(二)合理选择项目

项目的选择应该从学生实际出发,应从生活中寻找探究的项目。

这样学生在探究的过程中才会与自己的生活建立起联系,通过这种联系,学生才能在探究的过程中不断亲身感悟、主动探索。[①]

(三)合理选择教学器材

器材的选择关系到学生探究过程能否顺利完成。实践中教学器材的选择要贴合学生生活实际,在教学过程中采用大量与学生生活息息相关的材料,可使学生敢于不断进行探究。

(四)合理选择教学方式

针对不同的教学情况与教学内容需要选择不同的教学方式。在总的教学理念不变的情况下,根据不同课程采用不同的教学方式,如探究科学课程需要在教学过程中引导学生合理进行探究,需要教师在学生的探究过程设计方面进行知识与技术上的协助,主要采用探究式的教学方式;极限学习活动需要学生在限定的条件下自主探索,因此主要采用的是基于项目的自主探究教学方式。

从教师成长角度分析,在教学实践中,教师并不直接采用原有的内容教学设计,而是根据学校的实际情况与学生的特点进行针对性改造,这有助于教师在过程中不断自我学习与提高,从教育新手向真正的教育者不断迈进。这是教育者从自身需求中不断探寻获得的进步。相对于学科课程,教师在科技创新教育教学中的这种自我提升的驱动需求显然更加强烈。教师在此过程中需要通过不断学习新的知识才能适应现代的科技创新教育教学发展。

第三节 校本培训的重要意义与作用

一、校本培训对加强教师养成实干精神具有引领意义

如何准备相关课程,如何获得好的教育经验,如何教育学生向好的方面发展,如何处理各种教学问题? 这些都需要教师在实践中不断探

---

①侯安柱,贺虎. 科技创新教育[M]. 济南:山东大学出版社,2014.

究、总结。

校本培训针对教学中存在的某些实际问题而开展，既然发现了问题，那就必须予以解决。要想解决问题就必须想办法亲自动手去改变。这有助于学校培养教师的实干精神，而不是停留在口头上。例如学校可以开展"微课题"教研活动，通过适当培训，把任务具体分配到了每个人身上。如何才能完成所分配的任务？这就需要教师具有实干精神，扎实查阅资料，组织材料，提高实践能力。教师不仅要收集、整理、分析相关资料，还要在教学中实践、验证。这促使教师踏踏实实地学习和实践，让校本培训真真切切地培养教师实干精神。

二、校本培训对促进教师进行教研活动具有启发意义

如果校本培训的内容切合教师的需要，培训中探讨的话题往往是教师平常比较关注的问题，如课堂及教学中存在的困惑，教师是愿意接受这些比较实用的校本培训活动的。所以学校有必要开展以小组为单位的校本培训，通过确定中心负责人，确定内容，促进同行交流，让教师在智慧的碰撞中激情学习，形成模仿学习与迁移学习。

新课程改革实践与教师专业发展都需要全面实施新课程标准。许多学校坚持以教研组为活动单位，旨在提高学校的整体科研能力。学校组织了各种活动，例如，教师外出学习和培训，回来后与全校教师进行交流。校本教学和研究活动包括课堂评估活动、自我反思和专业指导。校本教学和研究是一项协作式的参与式研究，强调研究的民主性，学校的教学和科研也必须包括专业研究人员的参与。

校本培训可以对此展开相关的调查、访问、研究、讨论、总结，形成一系列的课题活动来促进青年教师开展教研工作。

三、校本培训对促进教师走向优秀具有指导作用

校本培训对教育教学中出现的共性问题和个性问题进行研讨交流，对教师快速走向优秀具有强烈的指导作用。

学校可以通过改革提高教师的专业素质和学校创新能力。教师队伍建设的重要性日益凸显。学校要在现有条件下，根据实际情况，更好

地开展工作,让学校成为教师专业发挥的舞台,让教室成为教师专业发展的阵地。这一过程中,加强教师队伍建设,提高教师素质,促进教师专业发展尤为突出。

教师在校本培训中所获得的经验,可以通过实际课堂来实现模仿、创新,从而形成独具特色的教学模式与方法。新教师打磨课、组内的交流课以及老教师的示范课,对年轻教师特别是刚走上工作岗位的老师有极大的指导和促进作用。

平时课上,可能有一两个学生不在状态,甚至在打瞌睡,新教师不知道该如何有效地吸引这些学生的注意力。通过校本培训中老教师的传、帮、带外加同科组的交流活动,新教师会发现,讲话突然停止、目光锁定、走过去敲敲桌子、点名提问等方式都可以很有效地提醒学生上课要专心。老教师的上课风格、掌控课堂节奏的方式以及对课堂突发事件的处理方法,都对新教师具有启发和指导作用。通过校本培训,新教师不断进步。

四、校本培训对提高课堂教学效率具有督促作用

课堂是教师教学的主阵地。教师的教学特长、教学效果和教学的具体方法都要在课堂上展示,学校的教育绝大部分是在课堂上完成的。如果连课堂都无法掌控,那么教学秩序就会失控,教学成绩就无从提高,课堂教学效率就成了问题。

校本培训的目的是解决校内教师实际教学中存在的问题。教学效率低下或者无效教学的方式在课堂中存在。解决教学基础问题,提高学生的学习成绩,培养学生的综合素养,是开展校本培训的最终目的。提高课堂教学效率需要教师改变自身的教学模式,从根本上改变教学心态。以前老师教学生追求成绩,如果现在还是用原来的教学模式去教育学生,随着学习方式的改变以及对教学要求不断提高,课堂教学效率令人担忧。学习方式改变,教学模式和教学心态必须随之而改变。[1]

教师刚走上讲堂,可能遇到各种各样的问题,校本培训应提供面对课堂中突发状况的办法,这样培训才有效。针对教学中教学方法死板、

[1]代蕊华. 教师专业发展与校本培训[M]. 北京:教育科学出版社,2011.

缺乏活力的问题,学校可以开展关于如何吸引学生学习兴趣的校本培训。针对教学中学生回答问题积极性不高的现象,可以开展关于如何激发学生学习动力的校本培训。针对新教师不知道怎样上好课,可以开展关于什么样的课是好课的校本培训。可通过校本培训中的一些案例,来激发教师自我转变,从而让教师重新认识课堂教学效率的重要性,进而不断努力,提升课堂教学效率。

五、校本培训对加强教师的师德师风具有引导作用

师德师风的建设是学校建设的一个重要组成部分,特别是年轻教师的师德师风建设。年轻教师刚走上工作岗位,血气方刚,教学期待和愿望非常理想化,有时会与现实形成反差,会打击教师的自信心,导致在处理日常教学问题上失之偏颇。年轻教师应熟记《关于加强和改进新时代师德师风建设的意见》等各种关于师德师风建设的文件。如果校长不重视,校长不组织学习,那么教师很可能不小心就触到了底线,引起不良的后果。为了避免这样的后果出现,校本培训一定要加入这方面内容。体罚在传统教育中并不少见。但在现如今的教育中,体罚会造成极坏的影响,给学校带来不可估量的后果。而校本培训就可以给年轻教师以警示和方向。

第四节 常规管理需要现代教育技术的参与

一、利用电脑技术提高日常学生工作管理效率

电脑作为目前各个工作岗位基本普及的工具,为实现工作的数据化提供了基础。电脑具有运算速度快、处理工作简洁、方便存储、易于交流等特点,在某种程度上可以帮助学生工作者从繁忙的事务性工作中解脱出来。

繁杂琐碎是高中学生工作的主要特点,原因是工作涉及的面较广,包含学生思想教育、生活管理、综合测评,学生奖学金、贷款、补助、勤工

助学、各种手续证明的办理,学习交流、社会实践、突发事件处理、学生典型宣传等。所有在校高中生的事情都与学生工作相关,其烦琐程度,不是一个"累"字所能概括的。由于这些事情都和学生相关,处理不好可能直接影响到学生的发展,对这些工作一定要精心安排。

电脑的出现,为做好这些繁杂琐碎的工作提供了技术保障,从某种程度上可以把学生工作者从这些琐碎的日常事务中解放出来。

电脑办公改变了过去手工制表、手工统计的传统做法,使用电脑设计统一的表格,直接运算处理数据,减少了工作人员的劳动量,提高了工作效率,使学生工作者有更多的时间去考虑学生的思想教育问题。利用电脑技术,还可以实现学生信息的快速查询、学生材料的快速打印,既方便又美观,同时节约时间。

二、利用网络平台技术构建学生工作信息数据系统

利用网络平台技术建立学生工作信息数据系统,可将学生工作的各个方面数据化,实现精细化管理。例如收集学生在校期间的信息数据,进行分类和规整,形成完整的学生信息数据库,可以有效地帮助学生工作人员全面、动态了解学生信息,为他们开展相关工作快速提供参考,提高了工作效率,使学生管理工作有依据,更加科学化和规范化,从而达到精细化管理的要求。

目前部分高中已经实现学生工作信息数据系统的建设。这些系统在功能模块设计上大同小异,都是实行分级登录查询管理。学生本人、班主任和年级主任均可登录,并根据相应权限进行相应信息查询等。在这个过程中,学生是最基本的数据查询用户,班主任和年级主任是相应的管理员。管理员可以根据实际情况的变化对相应的学生进行信息修改,而学生只有浏览个人信息及公共信息的权限。

这些信息数据系统是实现学生工作精细化管理的基础,包括所有学生在校期间的信息,通过网络数据库技术,将信息进行有效统计整理,方便进行动态更新和查询管理,也方便学生工作人员异地办公,实现数据共享和异地查询。信息数据系统保证了精细化教育、管理和服

务工作能够有效开展,是开展学生工作精细化跟踪、反馈和评价的重要平台。①

三、运用网络通信技术加强和学生的交流沟通

QQ、微信等相关网络通信技术的快速发展,为改进和学生交流沟通方式提供了新的途径。现在的高中生基本对网络不陌生,都有自己的QQ号、微信账号。有些学生在一个平台还不止拥有一个账号。师生在网络上沟通,避免了直接接触,消除了面对面的尴尬和紧张,沟通起来更自然。

高中学生工作的精细化管理,要求教师了解透彻学生情况,更需要与学生进行心与心沟通。通过QQ、微信等,教师可以方便发布和共享信息,更可以通过网络聊天的方式,与学生进行沟通,解决学生在生活、学习上的困惑。随着科技的进步,聊天方式也在不断改进,教师可以选择视频会议等方式,缩短与学生的距离。

浏览学生的QQ空间或微信朋友圈,了解学生的思想动态和情感变化,及时进行沟通疏导,可使教育引导工作落到实处,产生作用,避免学生误入歧途。通过朋友圈,发表自己对同学们关心的焦点、热点问题的看法,可引导学生正确认识社会、了解社会。

四、运用监控系统加强学生安全管理

监控系统为学生管理工作提供了极大便利,尤其是在学生安全管理方面。大部分学校教学楼、宿舍楼、食堂和办公楼之间都有一段距离,步行巡视一遍耗时较久,同时,各个楼的人员进出流量大,人员往来较为复杂。为了便于管理和及时有效发现管理中存在的问题,学校应该建立一套完善的电子监控系统,这样可以使管理者足不出户就能及时有效发现问题,有利于做出快速反应,把问题消灭于萌芽状态。

遇到宿舍等楼宇发生盗窃、人员失踪等情况也可利用监控系统录

①刘刚,郑月锋,吕勇.现代教育技术在信息化教室管理中的应用[J].长春教育学院学报,2011,27(7).

像。使用监控系统,可以规范学生的日常行为,因为学生能感受到一种无形的力量,从而约束和端正自己的行为,这样习惯成自然,学校就有效达到了育人目的。

第五节 校长评课在教学常规管理中的应用

一、校长评课原则

(一)校长评课要讲"理",以理服人

现实中坚持听课、评课,并持之以恒的校长并不多,潜心研究听课、评课者更少。即使偶尔评课,校长多率性而为,或干脆只听不评,与听课、评课的宗旨背道而驰。校长评课应"持之有故,言之成理",这样才有利于改进课堂教学,促进教师成长,推动校本教研,引领学校发展,有助于提高校长自身能力、增强教师教研氛围,才有益于校长赢得被评对象和其他教师的理解与尊重。

既然评课的"理"如此重要,那么评课的"理"究竟有哪些呢?仁者见仁,智者见智。但笔者认为,这个"理"至少有以下几点。一是符合教学的要求,即教学理念、原则、模式、手段、目的、过程、效果、评价等在课堂教学中应恰当体现。二是符合学科的要求,各学科都有不同特点,甚至同一学科的不同学段,或学科、学段相同但课的类型不同,都应体现出差异性。三是符合课堂的要求,开展课堂教学,既有教师教的要求,又有学生学的要求,同时不能忽略教与学相配合的要求,以实现师生共同成长。四是符合评课的要求。评课本身是一门科学,也是一门艺术。诸如评课目的、方法、氛围、技巧等,均会不同程度上影响评课效果。用一句话表达:一堂课的空间虽小、时间虽短,但"五脏"俱全、见微知著。课堂上师生的一言一行、教与学的点点滴滴,日积月累,可以折射出教师教学成功与否、学生学习快乐与否、学校管理到位与否等。

评课有那么多"理",校长怎样做才能以理服人?一是评课前做到

胸有成竹,掌握信息。了解被评对象的基本情况,诸如学习经历与成长过程、工作阅历与业绩、性格特征与教学特色等;了解被评对象所教学科的特点与课程标准、教学要求与进度、所授内容重点难点及章节在学科中位置,遇到与自己所学专业不同的学科时,多请教该学科的教研组长、备课组长或优秀教师,甚至邀请他们一同听课、评课;了解被评对象所执教年级、班级和学生基本情况,然后或事先预约进入课堂,或推门直接进入课堂。校长应认真听课、仔细看课、翔实记课、主动思课,课后及时整理听课笔记,梳理课堂信息,发现有价值的问题,检查教师的备课情况和学生的作业,召开部分学生参加的座谈会或开展问卷调查,与执教者本人和其他听课老师交换意见,有必要的话可连续多堂听课,直至疑惑解除。二是评课时要做到有的放矢、切中要害。俗话说"打蛇打七寸",校长评课要抓住主要环节。课堂教学的关键点很多,如教学目标的确立、教学内容的理解、教学方法和手段的选择与运用、教学环节的设计与完成、教师素质的体现与提升、教学效果的检测与评价、教学特色和风格的形成与发展等。那么课堂教学的"七寸"在哪里呢?针对这一问题,不同的人有不同理解。笔者认为,课堂教学的"七寸"在于教师教的智慧、学生学的效率、师生互动与成长等,因为这些涵盖教育教学的各种"理"。同时,一定要具体问题具体分析。出于不同听课目的应有不同的评课重点,如检查性听课、调研性听课、观摩性听课等;对不同课型应有不同的评课重点,如综合课、单一课(包括新授课、复习课、练习课、实验课、讲评课、测试课等);被评对象年龄不同,业绩和影响明显不同,应用差异性的眼光看待评课重点,如老中青教师、骨干教师和一般教师等。三是评课后做到扬长避短,跟踪问效。通过评课,可以发现值得推广的亮点,或明显影响教师自我成长的不足,校长可以采用打磨方式,连续听课、评课、座谈交流,促使亮点更明显,更具有实践性和推广意义;逐渐减少、削弱、消除不足之外,使教师专业成长的道路更加通畅。这些来源于实践的经验或教训,总结上升为理论,与更多人分享,供更多同行借鉴,从而在更大范围内达到扬长避短、跟踪问效之目的。

(二)校长评课要讲"情",以情感人

在校长评课实践中,存在重"理"轻"情",甚至忽略"情"的现象。个别校长或居高临下,或乐于自我"推销",甚至人为制造紧张气氛,弄得"人人自危"。诸如此类的"无情"或"绝情"现象,无助于教育教学工作改进,不利于同事间团结与合作,甚至危害学校健康发展。[①]

评课要讲"情",校长怎样做才能以情感人?笔者认为应做到以下几点。一是真诚。无论是听课还是评课,校长应真诚面对,不可虚情假意,或表里不一。尤其评课时,既要肯定被评对象的成绩,又要坦诚指出存在的问题,切不可只当"好好先生",或是模棱两可,甚至黑白颠倒、是非混淆。二是尊重。尊重被评对象所付出的辛勤劳动,尽力发现被评对象课堂教学的亮点,理解并接纳被评对象在课堂教学中存在的不完美,给被评对象足够的解释、谈感受的机会。虚心听取其他评课人的意见与建议,谨慎对人、对课下结论,真诚检讨自己在听课、评课中可能出现的局限性,甚至纠正已出现的错误。三是宽容。在理解基础上,允许被评对象在课堂教学中出现不规范、不完美,甚至是错误,允许被评对象存在与校长或多数人相左的观点。四是引导。本着对教师、事业负责的态度,评课中引导教师专业成长,形成教学特色,促使其逐步成为一定区域内的名师。

此外,评课中校长应加强对自身情感和被评对象情感的管理,特别是情感表达与调控。评课时校长情感会通过一定的外在形式表现出来,如语音大小、语速快慢、语调高低,面部表情变化;手势、坐姿等。针对这些方面,校长需要从容调控与自主管理,起到积极影响,形成正能量,温暖、激励老师;否则,起到的将是消极影响,形成负能量,抑制或阻碍教师积极性和创造性发挥。同时评课时,校长应允许被评对象情感自然流露,其间校长应运用恰当的沟通技巧等,以达到鼓励被评对象的效果。

总之,校长要听课,更要评课。评课中既应讲"理",做到以理服人;也应讲"情",达成以情感人。校长只有做到合"理"合"情"评课,才能

---

① 刘芳.校长听评课的意义、方法与视角[J].教学与管理,2016(8).

达到探讨课堂教学规律、提高课堂教学效率、促进教师专业成长、深化课程改革的目的。同时校长这样做,对个人成长和学校持续发展,有百利而无一害。

(三)校长评课要充分尊重和发挥科组长的学科专业理解力

校长有自己的专业学科,在听、评本专业的课时,校长有底气。但是,校长作为一校之长不能仅仅局限于听、评某一个学科的课。纵然校长对其他课程都努力进行较为全面深入了解,即使教育教学的道理是相通的,也不得不承认,校长对于自己专业之外的其他学科实在无法像科组长那样有极深刻理解。那么在听课、评课中,为了能够准确理解上课教师教学设计的意图,弄明白教学目标是否妥当、教学方法是否合适、教学效果是否达到,校长要充分尊重和发挥科组长的学科专业理解力,及时和科组长进行深入沟通,向他们请教。这样就可以避免校长说外行话、瞎指挥,避免和教师沟通时出现谬误。

(四)校长评课要尊重和发挥教学副校长和科组长在教学管理架构中的地位和作用

任何一所学校都有自上而下的管理架构和通畅的管理层级关系。学校一般都有分管教学的副校长。校长听课之后,越过副校长和科组长,直接去和上课教师进行沟通,这样无论是从管理架构还是从管理层级来说,都是不合适的。合理的顺序应该是上课教师向听课的各位教师虚心地听取意见,向自己的科组长听取意见,如果有学校中层、分管领导听课的话,再去虚心听取他们的意见。如此便能汇总各方面的意见,当然这需要教师自己非常谦虚好学。这些专业性的意见对于帮助教师成长是非常有用的。听课后,校长需要主动地反馈自己的想法,指引教师成长,但一定不能直接越过其他科组长或教学副校长,因为他们的意见更专业,他们深入一线,更了解情况。这需要校长既有维系学校顺畅的管理关系的水平,又掌握好指导教师的方法和艺术。

(五)校长评课要借助科组长之口来宣传自己的教学理念

从某种意义来说,课堂就是"最后一公里"。课堂教学中,科组长往往是教学能力最强、教学效果最好的;班级管理中,他们往往是最受孩子欢迎、最令孩子信服的;教师群体中,科组长常常是学科专业能力最强、号召力最高的。学校的任何活动中,教师的执行力的好坏往往关系到活动最终的成败。校长都有自己的教学理念,那么该怎么传递、怎么落地呢? 笔者认为,校长要和科组长进行沟通,并达成一致认识。校长在评课时,结合听课过程中的点滴,与科组长进行广泛而深入交流,除了对本节课的优劣得失进行点评,更重要的是把自己的教学理念、主张准确而清晰地传递到科组长那里,进而传递到一线教师那里。这样就可以有效地避免信息在传递过程中失真,确保校长的教学理念能如臂使指地落实下去。

二、校长评课的注意事项

有些教师对校长的评课方式反感。可能有些校长在评课中确实存在这样或那样的问题,但自己没有留意。笔者认为,校长评课应注意"三忌"。

(一)忌"一锤定音"

有些学校在听课、评课中实行论资排辈,先由校长进行评课,然后其他教师依次评价。但往往校长的评价带有一定的"结论性",这种评价会极大地束缚其他教师,他们往往将此作为结论和"标准答案",自己的评价中缺乏研讨的成分。

校长评课,一定要与上课教师和其他评课教师平起平坐,评课时不居高临下,不喧宾夺主,不当"节目主持人",不"一锤定音"。要让每个评课教师各抒己见、畅所欲言,校长应"退居二线",以一个普通评课教师的身份,发表个人的评课意见,谦虚地倾听任课教师和其他评课教师的想法,共同切磋,共同探讨,相互学习,共同提高,而不是一人"定调"。校长最好在其他教师都评完课后,进行适当总结或补充,提出自己的看法,千万不能先入为主,以免束缚其他评课教师,对评课活动造成不必要的误导。

(二)忌"戴有色眼镜"

一个教师工作态度端正、有敬业精神,但他上课的水平却不一定很高;一个教师工作表现不好,但他上的课不一定就不行。示范课不一定处处都好,普通教师的课不一定处处都不成功。因此,校长评课时应保持清醒的头脑,公正、客观、科学地评价教师的成功之举以及存在的不足,不能借题发挥,牵扯评课范围以外的问题。

校长评课不应戴"有色眼镜",不应对任何老师抱有成见。校长在评课时,要从课堂教学实际情况出发,坚持实事求是,既恰如其分地肯定优点,也指出主要问题和不足之处,力求做到评一堂课促进多堂课,评一人激励和带动一批人。

(三)忌"独断专行"

校长应该抱着谦虚的态度,与教师共同探讨课堂教学中的规律,不应随意肯定或否定其他人的意见。特别是在学术问题上更要审慎,切忌草率从事。要允许教师"百家争鸣",保留自己的观点。

教学是艺术,是艺术就有流派。校长评课不能"独断专行",应当允许教师用不同的教法进行尝试,允许不同的流派存在;不要以领导者自居,一评课就非要找几条"差错"不可,这样只会使教师产生逆反心理。要在充分肯定教师优点的同时,坦诚、客观地分析其不足,要对教师从思想上给予鼓励、方法上给予指导。这样的评课才有意义。

三、校长评课的重要性

对校长评课这项工作的重要性认知如果仅仅停留在发现问题、解决问题、提高学校教育教学质量上是远远不够的,应该把其提升到引领学校课程文化甚至是学校文化建设的高度上。

校长要把课程领导融入自己的听课评课行动中。要善于把自己的课程理念、学校课程改革的、方案和推进策略等融入听课评课的过程中,通过与教师交流研讨和实践,引领教师实施新课程,提高教师的课程执行力。在听课评课中,可组织好教学、指导好教学、管理好教学。

在新课程实施过程中,不少校长在听课评课过程中发现,很多教师抱怨课时不够,教学进度完不成等问题,而且有愈演愈烈之势,有的教师为此向校长建议减少其他技能课的课时,停上校本课程和研究性学习课程,利用周末和节假日补课等。这种做法明显违背国家课程计划的,不利于学校课程文化健康发展。但如何解决这个问题呢？一些校长通过听课评课发现,教师受旧教学大纲的影响,加上对高考的担心,把一些现在"课程标准"不要求的或者是降低要求的知识点,都补充进来或者提高了教学要求,这样不仅增加了学生的学习负担,还降低了课堂教学效率。发现了问题原因,解决问题才更容易。校长评课不仅是为了提高教育教学质量,更是为了学校课程文化的健康发展。

总之,校长评课是校长进行学校管理的行动方式之一。校长只有深入课堂听课评课,才能了解学校教师的课程执行力,实现学校教学管理部门的课程管理力,规划和提高自己的课程领导力。随着新课程的实施和教育的发展,关于校长评课这个话题的探讨,将会越来越深入。

第六章 关注学校教育公平

　　学校教育公平,校长可从两个方面着手:阳光分班和要求教师分层教学。阳光分班就是把班级学生、教师等资源全由事先设计好的电脑软件随机匹配,消除人为择班的不良现象,这样可以有效解决班级教育资源不均衡的现象。阳光分班理念不仅强调班级分配上是均衡的、公正的,更包括日后的班级管理中要阳光、公正。班级中学生的学习能力各异、学习成绩各异、性格各异等,要想做到公平、公正,就应要求教师实施分层教学,这样才能满足学生的需求。

第一节 实行阳光分班体现公平教育

一、阳光分班概述

(一)阳光分班原则

1.公开性原则

　　在班级的分配上,为了保障公平、公正一定要采取公开性原则。具体表现在,在班级分配过程中,必须邀请家长代表、社区代表等进行监督。

2.均衡性原则

　　每个班级的特长生、学生干部、男女比例以及班级总人数要均衡搭配。

3.随机原则

　　把班级、学生、教师等资源全部由事先设计好的电脑软件随机匹配。

(二)具体实施步骤

阳光分班实施具体包括三个步骤。

第一,统计新生信息。新生信息的统计主要根据教育局确定的招生规模进行,根据统计的信息进行班数的确定。为了方便阳光分班实施,学生在报名时,一定要将各项信息输入齐全,主要包括性别、特长、爱好等。

第二,学校确定地点、时间,在家长代表、社区代表的共同监督下,采用人机分离的方式,进行随机分班。

第三,对学期中转入的学生,在办理转学手续时可以将其直接编入人数最少的班级。[①]

(三)工作要求

第一,学校要大力宣传阳光分班的操作方法、操作程序以及政策依据,以达到接受社会监督、消除家长疑虑的作用。

第二,明确责任,加强领导。为了阳光分班以及日后班级分层教学顺利展开,校领导一定要重视起来,积极地组织。再有,一定要明确教师各自的职责,这样才能更好贯彻落实阳光分班管理。

二、阳光分班视角下如何体现教育公平

(一)把教育公平作为一项长期的政策,常抓不懈

教育公平作为社会公平价值在教育领域的延伸和体现,不仅是教育现代化的基本价值和基本目标,也是社会公平的重要基石,对社会和谐、安定有重要的意义,但实现教育公平是一个长期的、持久的过程,这就要求必须将其作为一项长期的政策,常抓不懈。

首先,确立以公平为理念的价值取向,平衡重点制度。其次,将更多的资源分配给那些薄弱的班级,平衡差异。

(二)从全面发展的角度出发,改革评价制度、优化分班标准

素质教育要求培养全面发展的人,如果通过分数、成绩、升学率这些单一的标准来考核、评价学校,就很难真正取消重点班,因此,改革评

---

①陈雁. 实施阳光行动促进教育公平[J]. 中国教育学刊,2014(9).

价制度和优化分班标准应该是首要的任务。

1.将学业水平评价和综合素质测评相结合,作为划分班级的标准

提倡素质教育应当在充分肯定分数评价存在某些积极因素的基础上,根据现实,对其进行优化改革,具体来说,就是关注学业成绩的同时,关注学生基本素质和个性发展。入学时,学校在注重学生升学成绩时,同样应该重视其平时成绩以及综合素质评价,用多元化的标准来衡量每一个学生,避免唯分数论。分班时,学校不仅要注重升学考试主课程成绩,而且要将学生的素质测评分数加入考核标准中去,追求学生全面发展,尽可能对每个学生做到客观全面评价。

只有这样,才能够充分关注学生的发展,了解不同学生的心理特征、认知能力,真正做到满足不同层次学生的需求。让不同学生在智力、人格、品德,以及学识上得到充分发展与提高,培养他们的思维、创造能力,从而提高整体的教育质量。学生能够在适合自身发展的班级里健康生活、快乐学习,促进智力与非智力全面发展,真正意义上实现差别之上的公平。

2.将平时成绩纳入学业水平评价当中,避免偶然性

如果只用某次考试的成绩对学生进行评判,或多或少存在不合理性。由此,应当将学生的平时成绩和平时表现一同作为参考标准,把平时成绩放进学业成绩评价当中,连同素质测评分数一起,评价学生。

(三)多样化教学及其他补救教学方式,发展后进生

把提高课堂教学效率和质量仅仅依靠于分班教育是不够的,更重要的是必须使课堂教育模式和结构得以优化。想要不放弃任何一个学生,就必须采取多样化的教学方法,以期差异化发展进步。美国教育教授劳伊德·特朗普所提出的特朗普制可以为此提供一些范例和启示。在当前划分班级的基础上采取分组、自学、个别辅导的形式,将聚合性、分散性学习结合,让学生在班级学习的基础上互相帮助、互相提高。对于后进生,更应该给予更多的关注,对其进行个别辅导,辅导者可以是学生,也可以是教师。

每个学生都有发展的潜力,只要学校不放弃,多鼓励、关怀,任何一

个学生都可以发展成为优秀的人,后进生并不等于不优秀,应该以发展的眼光去看,及时给他们新的定位。

第二节 如何开展分层教学

一、分层教学概述

分层教学最早出现于美国,在20世纪初,美国涌入了大量的移民儿童,为了使这些教育背景和能力水平各异的儿童能接受普通的教育,教育部门决定对这些移民儿童按照能力和以前的学习成绩等分层教学。这与我国教育家孔子提出的因材施教理论类似,同时分层教学旨在教师将理论运用到实践中,最终希望提高教师的教学效率和学生的学习兴趣,因此分层教学在发展过程有着深厚的理论和实践经验作为支撑。

(一)分层教学的含义

学者们对于分层教学的关注度较高,观点颇多。有的学者认为分层教学是利用分层次的教学组织及调整相应的教学方式,最大限度地帮助每一个层次的学生热爱学习、在学习上投入精力,成为一个学习的成功者,以此,大面积提高学生的发展质量。有专家认为分层教学是教师在教学过程中因学生的差异而区别对待,在此基础上进行教学设计,针对不同类型的学生给予不同的指导和帮助,让每一个学生得到最优化的发展。有研究者认为分层教学是教师根据教育对象的不同,在认知和情感领域分层的教学方法。

可以看出,分层教学是教师在教学过程中基于学生客观上存在差别的事实,正视这一差别,善待差别,优化教学组织形式而运用的一种针对性方法。将学生的共性发展有效地转化为个性发展,把不能同步发展转变为差异发展,体现的是因材施教、以(生)为本的教育理念。基于此,笔者认为分层教学指教师在教学中根据教学内容和学生现有的知识水平、认知能力,有意识地将学生按照能力、潜力以及知识水平分组对待,目的是既使所有学生都能紧跟教学节奏、弥补各自的不足、有效吸收消化所学的知识、提高学习兴趣,又能提高教师的教学效率。①

(二)分层教学的特征

分层教学意在让每一个学生在原有的基础上得到更大限度发展,即让"学困生"向"学优生"转变。因此,在教学过程中应该培养和提高学生的非智力因素,努力提供适合学生的学习条件,使学生有所发展。分层教学呈现以下几点特征。

1.差异性

差异性是分层教学最根本的特征,倘若学生之间没有差异,那么运用分层教学就无意义可言。而事实上,由于遗传、环境和个体能动性三个因素的共同作用,学生之间的差异是客观存在的,既包括生理方面的差异,又包括心理方面的差异。在生理发展上,有年龄、性别、外貌等的差异,在心理发展上,有能力、兴趣、爱好、性格、气质、需要、动机、理想、世界观等方面的差异。分层教学就是根据教学对象的个别差异进行的区别教学。

因此,分层教学的策略也要体现差异化,教师在教学过程中,要以学生为主体,不能根据自己的意愿强行灌输学习内容,而是要根据学生知识结构差异,有重点、分主次进行教学设计和实施。在教学过程中体现差异性,在兼顾学生的认知水平和接受能力的前提下进行同一教学内容的传授。在各个教学环节体现分层教学原则,比如有的环节是专门为学困生设计,而有的环节则偏重于学优生。这样,便于促进全体学生在德智体、情感态度价值观各方面取得认知提升。使每个学生都能得到最大限度提高。

2.层次性

虽然每个学生之间都存在差异,但事实上,个体与个体之间既存在着差异性又具有共同性,因此在教学中,可以将类似的学生归结为一个整

---

① 于佳. 分层教学法在高中政治教学中的应用探究[J]. 科学咨询(教育科研),2018(7).

体,这能够把"因材施教"提高到可操作水平,从而大大提高教学效率。

学生的智能水平是多方面的,在同一层次学生身上也会呈现不均衡的发展表现,这就决定了分层教育的层次性。因此,面对全体学生准确认识学生的层次性,需要教师更加客观准确把握每个学生的知识能力层次,基于此,就要考虑在教学中如何有的放矢、扬长避短、尊重学生个性和差异。只有认识到学生的不足和优势,制订每个学生的进步方案,才能以兴趣牵头带动学生的学习主动性。

3.异步发展性

异步发展性不是指学生比较意义上的横向差距,而是指不同层次的学生经过培养,在各自原有的水平基础上得到不同程度的提高。由于每一个学生在知识与能力的发展上是不同步的,在思想意识、价值观念上的发展也是不平衡的,因此,分层指导、分类考核以实现异步达标是每一个教师在教学中应该具有的教学意识。如果强行规定学生统一达到某个标准,势必违背学生身心发展规律,同时不利于学生思想领域里的矛盾解决。异步发展性,对教师的要求更高,在教学设计上要求体现教师更多的智慧。

分层教学整体的要求是非同步发展,非同步提高。要善于从学生整体中找到每个学生的兴趣点,以学生个性化差异为前提,体现学生的主体地位,培养学生的主体意识。在施教过程中,将内容结合学生的个体差异反复训练。对于中等学生,要重点培养,因为中等水平的学生数量最多,而且潜力较大,通过抓中间,可以有效带动两边学生的追赶意识和竞争意识。对于优等生,要采取灵活多变的方式进行培养,组织竞赛,增强他们的竞争压力。对于学困生,要有耐心,给予更多情感上的关注,积极鼓励他们,强化他们的优势,增强其自信心和上进心。

应通过异步发展策略的制定,使每个学生都找到正确、适合自己的学习方法,发挥各自的强项,形成整体的竞争局面,并且保持良性竞争,使每个学生能在自己的能力范围内发挥最大的潜力。

(三)分层教学的理论依据

分层教学研究的理论基础是什么? 这对研究者来说是一个基础性

的问题,探讨它关系着教师对分层教学的深入理解和教师能否在实践中合理运用该教学方法并取得良好的教学效果。经过查阅相关资料、结合教学实践,笔者认为,分层教学有以下四个理论作为支撑。

1.有效教学理论

有效教学理论系统地阐明了获取知识和技能的有效方法,重点研究如何促进学习,有效教学理论实质是研究如何教的问题。有效教学理论包含课程理论,主要研究内容的设计、编制和改革。其形成和发展经历了漫长的教学经验总结、教学思想成熟等环节。这一过程也反映了人们对教学活动的认知在不断深化。

2.多元智能理论

多元智能理论提出了人的多种智能的具体内容,如语言、逻辑、空间、音乐、运动、人际、自我认知等,从不同方面展示了人的能力。在评价和教学中,应充分考虑学生多元智能因素,予以客观综合性考虑,突出优势智能,做出公正客观的评价。积极运用多元智能理论,有值得挖掘的意义。高中学生已经对社会或人生有了一定的理性认识,在课堂问答的时候,教师可以根据学生的语言方面的智能优势,让其分析答案的层次性,强化学生语文方面的能力。

3.建构主义理论

构建主义理论是认知心理学的一个重要分支,主要探讨个体对世界认知和理解的方式,即人的心理活动框架和结构图,在这个认知过程中,心理认知的图式不断变化,同时受到同化、顺应和平衡三个过程的影响。同化即将人质内化成自身的一部分,顺应是对变化的重组与改造,平衡是在认知发展中的自我平衡过程。构建主义经历了让·皮亚杰、科恩伯格、斯滕伯格、卡茨和维果茨基的理论研究,构建主义理论源自儿童认知发展的理论,强调了个体认知发展与学习过程的紧密性。

例如,针对一些规律性的知识概念,要引导学生形成概念图式,要求学生会画系的思维导图,这对于训练学生的思维能力有很大帮助。借助建构主义理论,在概念知识图式的基础上,可形成一套比较有效的认知学习理论,从而形成理想的构建主义学习环境。

构建主义理论同样强调学生学的重要性,教师通过教授学习方法和思维方法,让学生自己形成学习理论和环境,借助教师的教,将自己所见所感内化成系统知识。

4.差异教学理论

进入21世纪后,人们对教育提出了更高的要求,不顾学生个性差异盲目教学的方式已经逐渐暴露出缺点。多年来为了探讨出更加适应时代的授课模式,教学先后经历了小班化教学、个别化教学等,整体的研究方向都是促使教学研究转向研究学生个性差异,满足个别学习,促进个体在原有知识水平基础上得到更加充分的发展。因此,在具体实践中,人们总结出了差异教学模式,要求教师不仅关注学生的求知需求,还关注知识范围以外的需求,比如团队合作、技能、深入探讨等,很多需求是额外教学需求,教师对此应该予以重视,积极反应。相关理论认为,运用差异教学指教师应该改变教学速度、水平或类型,以适应学习者的需要、学习风格和兴趣。

差异教学的理论基础为布卢姆的教育目标分类法,布卢姆在著作中曾强调,学生具有不同的思维水平。了解多样化学习活动的难度,根据不同思维水平的学生设计出来的教学过程,有利于激发学生的学习兴趣。具有一定深度和广度的教学内容,可以提高学生的思维水平。布卢姆认为,知识是思维水平当中最低的思维,综合是思维水平当中最高的思维,其要求学生在回忆知识的基础上,完成理解、应用、分析、评价和综合的思维过程。这六个环节中的差异化评价,反映了差异教学理论的实质。

二、分层教学在高中课堂中运用的必要性、原则

分层教学是指教师基于学生的不同水平并依据一定的标准进行分层,在此基础上,针对每个学生不同的学习特点,科学合理地予以判断,以取得良好的教学效果,旨在让每一个学生都能将个人的学习潜能发挥出来,得到更好发展。这是一种凸显学生个性、因材施教的创造性活动。教师在分层教学过程中遵循一定原则对于提升学生的学习水平和挖掘学生学习潜能有着重要的意义。

（一）分层教学在高中课堂当中运用的必要性

当前，提高课堂教学的有效性、确保学生处于教学的主体地位是上好一堂课的关键，而教师运用分层教学既可以避免把课堂变成独角戏，又能较好地把握课堂教学的每一个环节，最终达到教学目标。

1.分层教学可满足学科核心素养长远发展的需要

学科核心素养是学科育人价值的体现，是学生通过学科学习而逐步形成的正确价值、必备品格和关键能力。学生要在政治认同、科学精神、法治意识、公共参与等方面都获得发展是学科核心素养教育的应有之义。

当今社会需要的是全面性和专业性相结合的人才，人才发展既"全"又"专"的要求促使学科核心素养发展评价机制的建立。而分层教学不是只关注好成绩的学生，也不是放弃学困生，而是面向全体学生，以促进每一个学生的全面发展为目标，使每个学生的个性特长得到充分发展，这就在集体教学和个别教学中找到了一个契合点，实现了两者的优势互补，从而为层次不一样的学生提供了一个适应其发展特点的教学活动环境，这无疑对全面推进和贯彻落实学科核心素养有着不可低估的助推作用。

2.分层教学满足新课改中发挥学生主体性的要求

著名教育家布卢姆认为，教育的根本目的是找到一种策略，既能考虑到个别学生的差异，又能促使所有学生得到最充分发展。也就是说，既要考虑差异性，也要考虑共性，不论从教学的过程，还是所求的结果，都要满足个性和共性在原有能力和认知水平上的进步。

唯物辩证法指出，事物的内部矛盾是事物自身运动的源泉，是事物发展的根本原因。要照顾到学生个体差异和实现全体学生的共同进步，是一个矛盾并存发展的过程。要实现个体和全体学生的共同进步，唯一的途径是发挥学生主体作用，激发学生兴趣，这样一来，极大调动了学生的学习积极性和主动性。分层教学以尊重学生的个性差异为前提，发挥学生的主体性，促进学生转变学习方式，在合作和探究中培养学生创新能力和学习水平。比如在"文化在继承中的发展"一课当中，教材内容介绍了文化继承与文化发展的关系、影响文化发展的重要因素以及教育在文化传承中的重要影响,在课堂上,学生往往被动接受教材内容,对于文化继承和发展缺少现实层面的感知,因而教学效果也不能深入影响学生的情感、态度、价值观。教师如果采用分层教学的方式,则可以提出一些传统文化项目,提问学生是否了解这些传统文化项目,激发学生主动思考的意识,如将民间糖人、糖画、剪纸等与课堂内容结合起来,让学生感受到传统文化就在身边。教师再通过分层递进的教学设计,引出这些民俗项目的传承者大多是老年人,而且项目存在失传的危机,最后点出民俗文化是传统文化的重要组成部分,以及对其继承和发展的意义,这样,就能调动学生的真情实感,将理论化作实际动力,激发学生继续探讨的积极性。

教师通过实施分层教学策略,可以组织好教学,使得整个教学过程在宏观策略指导下,逐步达成目标,在发挥学生主体性的同时,使得教学有序有效进行。分层教学的目的在于根据不同学生的不同心理特点激发学生的兴趣,将"要我学"变成"我要学",让学生深刻认识到课程的现实作用和意义。

3.分层教学满足教师创新能力的需要

教育的根本目的在于促进人和社会的发展。人和社会的发展都是在不断创新中进行的,而教育创新离不开教师创新能力的提升。创新是教师的必备素质。创新是复杂的,需要广博而深厚的知识支撑。教师首先要具备教育学、心理学等方面的知识,能够结合学生各个年龄阶段的心理和生理特点、知识水平和接受能力,为学生的成长提供需要的"营养"。

创新是教师素质的重要组成部分。它不仅仅表现为对知识的学习和运用,对新思想、新教学方法的研究,还是一种追求创新的意识,是一种发现问题并积极探索的心理取向。是否具备创新能力是衡量一位教师能否成为创新型教师的重要标准。教师在教学过程中首先面对的是个性迥异的学生,他们需求层次不同、学习水平也不同。教师要想在教学过程中让每一个学生都达到教学目标的要求,让每一个学生的学习水平得以提升,就必须科学合理对学生进行分层,在此基础上提出不同层次学生的教学目标与进步方案,基于此相应地开展创造性的教学活动。客观上,教师应不断地阅读资料,全面深入了解每一个学生,在课程教学过程中,反复思考、研究,从备课、上课、辅导、评改作业等环节入手,不断创新和优化每一个环节。

分层教学是一个动态过程,意味着教师在不断优化教学环节进程中,推动新一轮"分层判断、备课及上课"发展。由于教学过程中,教师的针对性强,不同的学生学习起来更容易,自然能提高学习的兴趣。这一定程度上对教师也起着激励作用,促使教师不断地反思教学、改进教学,促进教学活动良性循环。

4.分层教学是教育公平的体现

分层教学关注个体差异,着眼全体学生的发展。二者看似矛盾,实际上是动态互补的。关注个体差异,就是要求教师不能忽视任何一个学生的发展,不论是优秀的学生、能力一般的学生还是能力较差的学生,教师都要看到他们的闪光点,以长远、发展的眼光看待每个学生的优缺点。着眼全体学生的发展,是以每一个学生的进步为基础的。只有既照顾到个体差异、因材施教,又能实现全体学生的提高,才是教师高水平教学能力的体现,也是教育公平的体现。

(二)高中分层教学的原则

由分层教学的特征和深厚的理论可知分层教学对推进课堂教学有重大的作用。基于此,笔者经过多次的教学实践,认为分层教学在运用过程中应该遵循以下基本原则。

1.因材施教原则

因材施教是教学中一项重要的原则。在教学中,教师应根据不同学生的认知水平、学习能力以及自身素质,选择适合学生特点的学习方法进行有针对性教学,发挥学生的长处,弥补学生的不足,激发学生学习的兴趣,树立学生学习的信心,从而促进学生全面发展。

在教学活动中,教师要激发学生的学习潜能。但每个学生都是独立的个体,有独立的思维,为了使学生实现更好发展,教师分层教学时应当遵循因材施教原则。

教师要根据学生对学科的认知程度和学习兴趣展开教学,具体涉及备课环节、施教环节、评价环节。在各个教学环节,教师都应该考虑学生的个体差异,从而采取不同的方案。在具体教学活动中,既要有统一标准,又要通过因材施教,达到每个学生都有所学的效果。学生的差异有的来自先天,有的来自后天,既有智力因素,也有非智力因素,教师在教学过程中,应该在保护学生自尊的前提下,运用教学智慧制定相应的策略,准确把握学生心理,一切都要以对学生的了解为前提,必要时要对学生进行全面调研。要在学生需要的地方展开教学,激发学生的兴趣,树立学生的自信心,在教学过程中,灵活运用多种教学方式,掌握好尺度,满足不同学生的需求。

2.个体差异原则

世界上没有两片相同的树叶,人亦如此,个体之间总是存在着差异。学生作为学习的主体,彼此之间的差异既体现在先天的遗传中,像智商、体质等,同时体现在后天差异,如学生生活环境或者所接受的教育。先天差异和后天差异往往影响或者决定着学生个体发展的方向、速度和终极发展程度。

学生之间存在认知水平的差异。既有知识水平的差异会导致他们在学习新的知识过程中,理解和掌握的程度千差万别。加上个体学习潜能不尽相同,爱好兴趣各异,学习的结果也各不相同。教师应对此予以重视。

第七章 凝聚学校教育力量

第一节 关注教师成长过程

所谓关注教师成长过程就是从教师成长过程的角度去研究教师的专业发展问题。这个过程包括两层含义：一是研究教师专业化成长的全过程，并关注其阶段性特点；二是研究教师专业化的职业理想和生活理想如何有机结合。

教师成长具有阶段性的规律。即教师成长有一个由不成熟到成熟的发展过程。教师成长的每个阶段都有不同的专业水平和特点，教师在不同阶段心理状态不同。研究教师成长阶段性的规律，目的在于使教师教育有针对性。针对教师成长呈现的阶段性特点，校长在实施教师教育时应关注以下四个时期。

一、关注关键期

研究表明，某些动物生下来以后母子之间的最初接触交往时间决定后来的亲情关系，这个时期被称为关键期。那么，教师成长的过程有没有阶段性的规律，是否存在关键期呢？答案是肯定的。教师成长的过程不仅存在阶段性规律，而且有关键期。新教师迈出从教的第一步就是一个关键期。[①]

青年教师初出茅庐，踌躇满志，有期待、有渴望、有锐气、有个性。青年教师走上工作岗位的前几年富有冲击力、爆发力和活力。这几年直接影响新教师知识掌握的广度和厚度、思维方法与思维品质的养成、创造精神和创造人格的塑造、教师生涯发展进程和水平，影响教师自身

---

①张宁玉. 高中教师专业"二次成长"调查研究[D]. 郑州：郑州大学，2020.

潜能的挖掘、自我价值的实现、职业乐趣的体验等。一些青年教师因为工作之初得心应手脱颖而出,一些教师初为人师工作失利从此沉沦下去。

一个优秀教师的成长经历应是:一年有适应力;三年有爆发力;四年有冲击力;六年有创造力。

二、关注高原期

教师在成长中常常遇到高原期,这制约着个人的发展。高原期的出现,受主客观因素的影响。帮助教师正确认识"高原现象",早日越过"高原平台",对于教师的成长具有非常重要的现实意义。

高原期指教师专业发展到一定阶段出现相对平静、止步不前的情况。教师在某一时期受理论水平、实践经验、知识水平等因素制约,很难再突破自己、超越自己。如一个老师上了一节优质课,但在一个时期里再去超越这节课就很难。一个名师的成长常常要经历这样的过程:资格预备期—角色适应期—胜任成熟期—高原(滞后)期—突破超越期—平稳过渡期。

三、关注倦怠期

教师工作十年以后,激情和锐气将受到挑战。这是学校领导者必须给予关注的。这时教师可能会产生职业倦怠心理。

教师职业倦怠心理产生的因素是多方面的,既有外部环境客观因素,也有教师主观心理因素。从外部环境客观因素看,包括以下几点:一是工作负担重、时间长,二是工作单一、简单重复,三是学校缺少激励机制。

教师职业倦怠心理的排解措施:帮助教师寻找工作的创新点和兴奋点;让教师学习"充电",更新自我;强化教师自我工作效能感,丰富文化生活等,以调整教师心态,保持教师精神放松。

四、关注失落期

青年教师朝气蓬勃,富有活力,处于事业快速发展阶段。那么,人到中年还要不要积极进取,还能不能超越自我,专业水平的发展还能不能出现新的高潮？答案是肯定的。心理学研究证明，人的发展潜能是巨大的，人脑越用越灵，大器晚成之说不是没有根据的。

那么教师进入中年以后会面临什么呢？首先，从教师本人来讲，随着时间的推移，这些教师大多数已评上了中、高级职称，可能有"工作到头"的想法；其次，从学校管理者来讲，其往往把更多关注投向青年教师，无形中冷落了中年教师。由此，这个阶段的中年教师会失落，他们迷茫、苦闷、困惑。其实对于大多数中年教师来讲，他们的内心同样渴望管理者的支持和关注，他们对未来还是满怀希望和期待的。

所以从教师成长阶段性规律看，校长必须关注中年教师的成长。一方面要指导他们选择新的成长目标，继续保持进取的热情；另一方面要继续关注他们的发展，给他们创造良好的发展空间和机会，绝不能冷落和放弃他们。

总之，校长抓教师教育工作必须研究教师每个阶段的心理状态，并有针对性地开展工作，这样才能达到预想的效果。

第二节 发挥两种"力"的作用

几乎每个教师都梦想职业成功。可是若干年以后，为什么有的人成功了，成为优秀教师、杰出的教育工作者，甚至成为专家型名师；而有的人却平庸了，成为一般型、经验型的老师，甚至有的被淘汰？差距是怎样拉开的呢？

从总体上说，教师的专业成长受两种"力"的作用。一是自主成长的内力（涉及目标、方法等），有些教师缺少这一内力，不知道专业成长这条路怎么走。二是帮助成长的外力（涉及环境、机会等），有些学校无法很好提供这一外力，发展空间狭小等，对教师专业成长的指导也不到位。

一、自主成长的内力

教师从教后，专业化成长有时盲目被动地依赖培训，由别人拉着、推着成长,内容由别人来规定,时间、方法由别人来控制。不能说这种学习对教师成长没有帮助,但总体看投入大、收效小。因此教师自主成长的内力就显得十分重要。

教师应主动出击,自主选择学习的内容、时间和方法,紧密结合自己工作实际和成长目标,边工作,边学习,边思考,边总结。教师自主学习是一条有投入就一定有回报的专业成长"高速公路"。追溯名师专业成长的秘诀,无一例外都包括孜孜以求自主学习。

教师成长固然与好环境息息相关,但更重要的还是教师自己的态度,即内动力。只要教师务实肯干,积极进取,开拓创新,就会在现实生活的土壤中找到自己的生长点。从这个意义上,给教师创造良好的成长环境的是教师自己。

二、帮助成长的外力

当然,外在培训与自主成长并不是对立的。对教师成长的外在帮助同样是至关重要的。如果仅靠教师自主学习,既没有利益驱动,也没有制度约束,学校开展的教育科研活动又很少,自然会影响教师的专业化成长。特别是进取心不强、自主学习能力差的教师,专业化成长更是缓慢。但凡学校教育科研抓得好的学校,教师群体专业素质提高得就快;反之,学校不重视教师的业务提高,教育科研做得不好,教师队伍素质就不够高。从这一点就可以清楚地看到环境等在教师专业化成长中的作用。环境能影响人,环境也能教育人讲的就是这个道理。[①]

学校想抓好教师专业成长既要研究教师成长的内力,又要抓学校研修工作的外力。最有效的办法是内力、外力两手抓,"两手都要硬",让内力、外力和谐统一、相得益彰。学校研修工作方案等要依据教师成长的规律来设计。学校研修工作的外力应尽可能通过内力来发挥作用。

---

①曾文光,李津蕾. 试析自主成长对教师教育实践转向的促进作用[J]. 中国农村教育,2019(3).

第三节 引导教师树立六种意识

观念决定思路,思路决定出路。要想改变,先下决心,然后才是行动与方法。学校要引导教师走专业化成长的道路,就应该引导教师树立以下六种意识。

一、我想发展——成长意识

特级教师张思明曾表示,一个教师的成长,内动力很重要,机会总是垂青于有准备的人,影响教师成长的最大障碍,不是环境和他人的阻挠,而是自己的惰性、自我满足、自我原谅、自我开脱以及大事做不来小事又不做。人生不会永远都是"艳阳天",人总会遇到一些磕磕绊绊。一分耕耘,一分收获。不耕耘怎么会有收获?教师专业化成长的关键在于内动力,即"我想发展"。有些教师专业化成长不快,不是因为条件不好,也不是因为不具备发展的潜质,而是因为努力不够。

现在教师群体存在以下几类消极思维。第一类,抵触:觉得改革和自己关系不大,所以当学校有什么创新思路的时候便本能地抵触或无动于衷。第二类,"稳如泰山":对外界文化漠不关心,认为自己职业稳如泰山,偏爱顺从领导而弱化冒险精神。第三类,倚老卖老:年轻时曾经奋斗过,曾经得过一些荣誉,但是认为自己的成绩"足够吃一辈子了",无须再学习进步。

找到了"病根",就应该对症下药。应激发教师成长内动力,使他们有成长意识。

二、我能成长——潜能意识

在谈到专业化成长,特别是在谈到追求优秀的时候,许多教师产生顾虑——"我不是那块料""我能行吗"。这些妄自菲薄的观念禁锢了他们,使教师没能正确地认识自己、开发自己。

认识大体可以分为两种:一种是认识外部世界;另一种是认识自

己。人生最大的遗憾莫过于始终没能利用自身潜能和特长去创造本应出现的奇迹。教师应该从心理学、人才学、创造学等角度科学地认识自己，从而开发自己。

根据潜能开发理论可知，每个人都蕴藏着巨大的潜能。20世纪初，美国心理学家威廉·詹姆斯曾指出，一个普通人只运用了10%的能力，还有90%的潜力。伊凡·叶莫雷认为人的潜能之大会使人震惊万分。人类的潜能如同埋在地下的石油，只有发现它，把它开采出来，才能使它发光发热。

所以要帮助教师树立潜能意识：我能成长，只要肯努力，就可以走进优秀、杰出教师队列中。[①]

三、我向哪发展——目标意识

目标是人做事的内在动因，目标越具体，做事的自觉性和积极性越高，效率越高，反之亦然。

教师成长也是同样道理。一个有明确成长目标、奋斗目标和研究目标的人和一个没有任何目标或者目标模糊的人几年以后的成长结果是大不一样的。刘翔在自传中谈到了成功的诀窍，他始终在心里为自己制订一个赶超目标，一个目标接着一个目标向前超越。十几岁刚开始训练时，他就不断为自己锁定赶超的目标，对于这个阶段要超过谁，下个阶段又要超过哪个对手，心里始终有一本账。一个接一个的目标激励着他坚持不懈刻苦训练，不断超越极限。教师制订成长目标应考虑以下几个方面。

第一，分析目标体系。教师成长目标应是多元的。从时间上看，个体发展规划至少应该由人生总目标、远期目标（5～10年）、近期目标（3～4年）和阶段目标的任何一个单元时间（如一天、一周、一个月、一学期等）组成。从内容上看，应包括学习、工作、研究、健康、兴趣、交友、收入等几个方面。

第二，分析自己的优势劣势。在这个世界上，每个人都有自己的长处和短处，每个人都有自己的潜在优势，每个人的才智也各不相同。要

①李东云，李文灵. 树立六种意识 提高教师素质[J]. 中国新通信，2020，22(3).

想取得成功,关键是发掘自己的创造潜力,发挥自己独特的才能,走出一条最适合自己发展的道路。人生有限,一个人在岗工作时间有限,要想在某一方面有所突破,就不能四面出击,而应有所侧重。人生需要找准自己的坐标并明确"我是谁""我应该在哪里""哪里是我人生的最佳坐标""我在哪里能够最大限度地发挥自己的才干"。

第三,寻找突破口(生长点)。突破口即切入点。教师成长的切入点应符合以下几点:一是教师有优势(知识、技能、特长等方面),易于切入易被突破的地方;二是教师有兴趣、愿意做的事情;三是与眼前工作相结合。

第四,合理规划,贵在落实目标。想,壮志凌云;干,脚踏实地。规划设计时既不能因循守旧、目光短浅,也不能眼高手低、不切实际,更不能盲目跟从、无由效仿。

四、我要更新——学习意识

社会上流行"知识折旧率"的说法:一年不学习自己知道,两年不学习同事知道,三年不学习学生知道。这一点也不假。读书读得少,是教师成长慢的一个重要原因。有的教师手中除了一本教材、一本参考书,什么都没有。在一些学校,绝大多数教师整日被工作压力所包围,很少看课外书。那么这种现状势必造成教师专业上的"贫血",而一旦搞科研,教师就感到"黔驴技穷"。

没有厚积就没有薄发,没有深入就没有浅出。火山爆发之所以强劲,是因为它聚集了巨大的能量。教师要想更新知识,就要不断学习、积累。"专业成长=读书+思考+实践+总结+写作"。"问渠那得清如许,为有源头活水来",教师要想成长就要设法改变,要改变就要学习。没有智慧的头脑,就像没有蜡烛的灯笼。作为教师该怎样提高智慧,怎样让学生因为教师才更爱学习?最好的办法就是让读书成为必需。只有学习精彩,教学才精彩;欲求教书好,先做读书人。

当然,今天的学习已不仅仅局限于读书、读报,还包括学习互联网、音像资料;观察生活;与同事交流经验、进行思想碰撞。

五、我想改变——研究意识

教师每天都在从事教育教学工作,如果抱有不同的工作目的、心态,就会走进不同的职业境界。如果教师把每一天的工作作为一种研究,那么工作不仅会给教师带来无穷的乐趣,还可能使教师成为教育专家。

研究意识对教师来讲十分重要。在学校中有人当了10年的老师仍然是刚入行时的水平,而有人只当了一年的老师,却具有别人当10年老师的水平。这是为什么呢?原因很简单,前者缺少钻研、反思和创新的精神,或者说缺少研究意识。他们的工作只是一年一年简单重复,所以他们提高不大。

要想成长、发展,提高教学效率和改变现状,教师必须去学习、去研究、去总结,这样才能一年一个台阶。

六、我常回头看——反思意识

对教师成长来说,重要的有两点:一是对外学习吸纳;二是对内总结反思。一个教师如果仅仅满足于获得经验而不对经验进行深入思考,那么即使有几十年的教学经验,也只是在不断重复。自我否定是痛苦的,但是只有敢于自我否定,才能自我超越,创造一个崭新的自我。

教师只有不断总结经验并反思才能成长。教与学能"相长",贵在教学后及时反思,吃一堑长一智。教学反思是聪明之举。正是沿着这条看似平常的路,才能走出来一个个出类拔萃和教绩显赫的教育专家。

从"实践—认识—再实践—再认识,循环往复以至无穷"这个认识规律来看,教学反思在教学实践过程中起到的正是一种承前启后、不断深化认识的作用。

不重视写,是教师的一大损失。写个人小结、写教学后记、写论文,乃至撰写教育专著,都是总结反思教育教学经验,认识、升华理论和发现教学规律的过程。另外,结合实际去写,又促使教师翻阅、查看更多的资料,使教师在写作过程中加深对理论的理解,更容易使教师养成用理论去指导实践的习惯。

所以,写能使教师一举多得。

为什么在众多的特级教师中,颇有建树的语文教师比较多呢？这可能与语文教师善写总结和擅长表达不无关系。反之,有些教师并不是没有好的教学经验,只是不善总结和写作罢了,这使许多优秀、宝贵的教学经验和反思无法发挥巨大作用。

教师应"常回头看一看"。以写促思的方法有很多,例如写教学后记、教学日记、教学案例、教育论文等。

第四节 提倡教师常用八种方法

本书介绍了八种方法,校长可提倡教师加以运用,以促使其成长。同时,校长也可选择相关方法进行自我提升。

一、读书法

教师成长的方法有千万个,但是读书是最直接、简便、有效的方法之一。名师之所以能在教学、科研方面取得突出的成绩,是因为他们大都有数十年如一日不间断读书学习和积累知识的习惯。

(一)教师应该读什么书

读专业书——这是立身之本。教师要先做一个熟读与自身专业相关的图书的"专家",再做一个博览群书的"杂家"。目前有些教师在课堂上放不开,这与教师专业知识不足有密切关系。一方面,教师对教材理解不足;另一方面,教师授课内容局限于课本知识,不能适时适度加以扩展。甚至有的老师不接受学生的大胆提问和质疑。久而久之,学生可能产生思维惰性,懒于思考,教师唱独角戏,课堂低效甚至无效。

读教育报刊——了解同行在思考什么。在各种教育报刊撰文的作者大多是多年从事教学研究和具有丰富实践经验的教研人员,因此报刊的可读性、指导性和实用性很强,是广大教师,特别是青年教师备课和业务进修的"源头""活水"。

读教育经典——以史为鉴。真正的教育理论永远不过时。如《论语》中孔子的教育思想和方法,蔡元培崇尚自然、发展个性的教育主张;陶行知"教学做合一"、生活即教育、行是知之始的理念;叶圣陶"教是为了不需要教"的教育思想等。反映此类教育理论的书,校长可建议教师好好地读一读。

读学生的"书"——走进学生心灵。对学生的作文、学习笔记等,教师要认真读,细心品味,这样教师可以很好了解学生的世界,走进学生心里。

读人文书籍——开阔视野。可以读古代史、近代史、现代史和马克思主义哲学著作,阅读文学名著、名人传记,鉴赏品评并抄录诗、词、曲、联和格言警句,经常翻阅并熟记常用成语典故等。这有助于教师不断扩大、丰富知识面、提高文采。

读"无字"书——观察生活。生活就像百科全书,它不仅是知识的宝库,还是思维的宝库。教师应从身边的日常生活体验中选取事例来充实课堂教学。

(二)教师应怎样读书

谁都想用最短的时间获取最佳的读书效果,谁都想用有限的精力获取更多的知识。然而,读书者殚精竭虑地探索,大彻大悟者却寥寥无几。究其原因,不得法也。读书有道,一凭勤奋和毅力,二靠思考,三靠规律和方法。

读书没有固定方法,每个人的专业、工作特点、兴趣爱好、生活习惯等不同,读书内容、时间、方法也各不相同,不能强求使用同一种方法。

校长要想青年教师在专业上有所成长,有四点很重要。第一,既定的目标(热爱和追求);第二,全身心投入(努力和奋斗);第三,合适的方法(不断学习别人的优点和反思自己的不足);第四,独立思考的习惯,不被困难、失败击倒的信念和毅力。读书不是死读书,而要把读与研、思、积、用、写、趣结合起来。

1.读与研的结合

读书大体可分两种:一种是休闲性读书;另一种是实用性读书。实用性读书大多数是从研究的角度读书,可称它为研究性学习。这就是说要带着问题去读书,搞清问题,解决难题,扩展知识,进而开辟新领域,创造新成果。

有些书的内容和实际工作内容相脱离,这就容易让读者产生厌学的心理。如果结合存在的问题(也就是要解决的问题)有针对性地读,则会事半功倍,取得良好效果。

2.读与思的结合

行成于思,毁于随。教师读书最忌盲目吸收,读书时一定要思考。读书时要采取两种态度。

第一,吸收书中的知识。不同文章,写作角度不同:有的是宏观思考,有的是微观探讨;有的是理论研究,有的是经验介绍。然而不管什么样的文章,都会向人们展示作者的研究成果。对此要采用多种阅读方法,如通读、选读,泛读、精读。读完之后要思考文章的价值何在,如提出了什么问题、阐述了什么观点、总结了何种经验、提供了哪些资料等。一般可以一边阅读,一边思考,用自己的方式去理解作者的思想,形成完全属于自己的认识。

第二,在读书中注意鉴别。孟子说:"尽信书,则不如无书。"对于学术著作和各种报刊的观点、经验、方法等,不能全部相信,更不能机械模仿、生搬硬套、削足适履。笔者认为读书要活,学会鉴别,懂得选择。

3.读与积的结合

求知如采金,积学似储宝,在学习中积累资料是十分重要的。

第一,买书和订刊物。一要常跑书店,多留意新出版的好书;二要留心报刊上的书讯,以便邮购。无论是图书还是杂志,购买后可以先浏览一下,要注意分门别类存放,以便后续查阅。在阅读时,应尽量圈点批注,留下笔记。

第二,摘录。平时准备几个本子,将知识进行分类。阅读以后,把认为有用的知识,分别抄在不同本子上。

第三,剪辑。因为有些杂志和报纸内容多且杂,阅读特别费力气。可将有关内容裁剪下来,分门别类地粘贴在各个本子上。

第四，复印。把有用的资料复印下来，分门别类地订在一起。

第五，记载。平时准备一个笔记本，记载日常工作、学习中产生的灵感，记录教育教学中提出的问题。这些记载都可以成为日后的研究课题。

4.读与用的结合

读书应用有这样几种情况。一是直接用在备课、上课上。二是用在课题研究上，定向选读。如需要攻克某个课题而缺乏相关知识时，选定相关的资料阅读和学习，在研究课题过程中随时随地向书本和互联网请教。三是在写作中应用图书和网上资料。

5.读与写的结合

读书—思考—实践—写作，可以作为学习的四部曲。写促使读书与思考等结合起来。写又是记录读书和研究成果的最好方式。

6.读与趣的结合

有趣—兴趣—志趣。读书成为一个人的爱好和习惯，是一件幸运的事。读书应成为生命中不可缺少的一个重要组成部分。

二、经验移植法

什么是移植法？移植指把播种在苗床或秧田里的幼苗拔起或连土掘起种在田地里。此处特指文章方法、精神风格等模仿性转移。经验移植法是指教师通过模仿尝试将别人的教育教学经验、方法用在自己的教育教学工作上。探究名师成功轨迹可以发现一个共同的现象，他们无一例外都有一个从听课起步，到模仿和学习他人，再到博采众长的成长历程。有的教师说："一堂好课总是让人感觉时间太短，看名师精彩的课堂教学也有同感。向名师学习，做最好的自己。"

特级教师薛法根也谈过这方面的体会。他表示自己的教学功底是在一堂堂模仿课中练就的。移植别人优秀的、成功的科研成果，虽然是一种简单的验证性实验研究，但对刚刚踏入教学和科研大门的青年教师来说，仍然不失为一条捷径。

无论是平时在家阅读各种教育刊物，还是外出学习，教师总能学到一些先进教育教学经验。在学习了先进经验以后，教师应思考经验等能否移植在本学科中,在操作中还有哪些不足,如何根据个人的优势和积累去改进提高,应用后的效果如何。这是一种科学的模仿思路,基本程序是以下几步。

第一步,学。在优选经验基础上复印优秀教师的教学经验材料,观看优秀课例录像,而后通过同行研讨,把优秀教师先进观念、课堂教学方法模式吃透。

第二步,仿。在学习别人经验的基础上,照葫芦画瓢,模仿着上课。学一课,仿一类。

第三步,创。在上完模仿课后,对照优秀课例,思索模仿课的成效得失,进行再设计,使课堂起于模仿而高于模仿,逐步形成自己的教学特点和风格。

第四步,写。借助理论对教学经验等进行总结提炼,形成文字材料。这种写不一定是一次性完成的,可在数次"学—仿—创—写"后形成完善的经验材料。

三、备课研究法

实践证明,教师备课能力是教师教学的一种基本能力,同时教师备课活动是教师成长之桥,是教师教学能力提升的一个载体。教师应学会利用备课使自己迅速成长。

那么,教师怎样利用备课促进自己成长呢?不如参考特级教师于漪"一篇课文,三次备课"的经验,同一篇课,第一次备课时,只关注自我,不看任何参考文献,全按个人见解准备方案;然后进行第二次备课,广泛涉猎,分类处理各种文献的不同见解;接着进行第三次备课,边教边改,回想上课的不同细节,区别顺利与困难之处,课后再"备课"。

这样教师就进入了一种自觉的研究状态,教师关注自我、关注文献、关注现实,不断思辨,在教学中学教学,这无疑会真正有效促进教师快速成长。

从科研角度讲,备课研究法是一种真正的行动研究法。教师应在工作中研究,在研究中学习,在学习中提高,这样做有助于教师教学取得好成绩,获得研究成果,进一步成长。

四、叙事研究法

叙事研究法是教师通过讲自己的故事,谈自己的经历,诉自己的情感,说自己的感悟,总结反思自己的教育教学工作,肯定成功的,纠正错误的,从中发现规律并加以总结。

叙事研究法的一般程序:确定主题(确定重点,总结研究什么)—撰写文稿(把研究的问题用文字叙述的方式表达出来)—交流发表(或在校内外的教研活动中介绍交流,或在刊物上发表)。

叙事研究法关键是写好文稿,因为写文稿的过程就是研究的过程。在写文稿时,教师应该注意以下几个要点。

第一,围绕中心,突出主题。尽管对叙事研究文稿的要求不必太严格,但总要选择有价值的内容来写,并围绕一个中心突出主题,不要写散了,不要写跑题了。这个主题应体现相关教育理念。

第二,写自己的故事要真实。叙事研究不是文学创作,不能虚构,不能说假话,要实事求是。只有文稿内容是真实的,教学反思才会有意义。

第三,叙事应有情节。叙事研究不是记流水账,而是围绕问题展开叙述,记录有情节、有意义的相对完整的故事。

第四,叙事与议论结合。叙事研究文稿撰写,虽然以叙事为主,但要有议论部分。议论即反思,写出体会感悟。

第五,长短适宜,有情感体验。叙事研究追求的研究内容应有价值。如果写的内容价值不大,写长了也没有意义。写的内容虽短,但有价值,自然就有意义。

五、网络利用法

一台计算机、一根网络连接线,让人足不出户便知天下事,与素未谋面的同行交流。如今,越来越多的老师正在利用网络增强自己的专业能力,拓宽交往层面,同时让自己的生活更加丰富多彩。

网络给教师学习提供了一个挥洒自如的天地。网络是让教师走出狭小空间、走出自我的绿色通道,越是偏远地区,越应该联网。网络可以为教师设定理想的坐标,引领教师找到自由挥洒的广阔天地。许多有识之士已把网络作为教师成长的快车道。学校要鼓励教师走进网络世界,为教师配备计算机、建立网络,使教师在一方狭小的天地里也能感受到现代化教育的魅力。下面笔者针对利用网络提出几点建议。

第一,利用网络备课。网络是一个巨大的资料库,教师可以观看优秀教师的课堂纪实、教学反思,可以查阅课标解读;可以下载课件,优化教学设计。

第二,利用社交平台。真实就是力量,亲切、自然、真心表露自己,让情感流淌,这就是社交平台的巨大魅力。教师可利用社交平台与名师、杰出人物真情对话,也可与其他同行推心置腹。充分利用社交平台,可以促进教师成长、提高。

第三,利用网络储备知识。把网上能查阅的资料下载打印出来,或是储存在电脑中,以供随时翻阅。这是教师储备知识的一个极好的方法。

第四,利用网络休闲娱乐。在网上可工作可娱乐,教师紧张工作之余上网休闲一下,一张一弛,其乐无穷。当然这需要把握分寸,适可而止。

六、公开课历练法

对于教师来说,压力就是动力,准备就是提高,群言就是智慧。所以教师应该转变观念,要勇于争取上公开课的机会。当机会来临时,要敢于面对,抓得住。"不经历风雨怎能见彩虹"。诚然,剖析自己、否定自己是痛苦的,但有时只有敢于挑战自己,才能有一个脱胎换骨的变化,才能创造一个崭新的自己。当机会没有来到时,要自己去准备和争取。聪明的教师平时应经常邀请学校领导和同事来听自己的课。一方面可提高自己,另一方面可更深入了解自己。教师应主动"请战",这是教师成功上好公开课的基础。

七、结交师友法

(一)拜师求艺、结交学友

知河水深浅,须问过河之人。要想提高应交"高人"。因为有所成就的教师大多是过来人。在漫长的探索过程中他们经历了成功,也遇到了挫折,他们的建议,他们的经验,特别是他们经过实践的理念是一种宝贵财富。教师与其交流学习后,可以对这些内容加以调整运用到教学之中。

拜师求艺是各行各业有所成就者的一条成功经验。教师专业化成长有没有捷径? 如果说有,拜师求艺就是其中一条,它可使教师少走弯路,或不走弯路,尽快成才。

"你有一个苹果,我有一个苹果,彼此交换还是每个人有一个苹果;你有一个想法,我有一个想法,彼此交换就是每个人有两个想法。"学友之间的信息交流乃至辩论,有利于互相补充、丰富知识、开阔视野。

才智相当的人在一起讨论,是取得学习效果的一个良好方法。和观点相同的人讨论,可以相互补充,使观点臻于完善;和观点不同甚至是对立的人在一起讨论,在辩论中可以揭露观点的偏颇,使人们深入思考。

独学无友是教师专业成长的大忌。有些教师关门教书,把自己封闭起来,不愿和别人交往。也不能说这样做完全不可以学习提高,但就学习效率而言肯定会受到影响。

总之,拜师求艺、结交学友是较好的学习方式。与高尚的人做朋友,会收获高尚;与勤奋的人做朋友,会奋起努力;与学识渊博的人做朋友,会收获知识;与追求卓越的人做朋友,会加快前进步伐。

(二)教师拜师求艺须注意的内容

第一,虚心请教。既然是学习,遇到不懂不会的就要虚心请教,不要碍于面子,不要怕人家看不起。

第二,既要虚心学习,又不能迷失了自己。不同人有不同的个性,既有成就,也有局限。学习是为了超越,一味模仿,可能一辈子没有出息。齐白石说的"学我者活,似我者死",就是这个道理。

另外,每个人的经验都有局限性。有时由于缺少新生事物的加入,传帮带风格趋向一致,少有突破创新而走向退化。再者,指导教师和青年教师结成传帮带对子后,不能排除指导教师的中心地位,可能出现等级关系,这妨碍了平等交流与合作。

第三,在有条件的情况下可以考虑多层面求师,有学科层面的,有教学理论研究层面的,有写作层面的等。

拜师求艺固然是好的,但并不能代替一个人的自学。别人可以指点,方法可以学,但路最终还是要靠自己走,知识方法可以传授,但能力不是讲出来的,不是机械套用的,是在实践中锻炼提高的。

赞可夫表示,没有个人的思考,没有对自己经验的总结,没有寻根究底的精神,提高教学水平就是不可思议的。应处理好模仿、借鉴和创新的关系。

八、个性提升法

所谓个性提升法就是教师在教育教学中努力发现和挖掘自身的潜质,在总结提高中,形成个性化的工作方式和个性化的教学特点或风格。这也是教师促进自己迅速成长的一种方法。

每个教师都具有一定的发展潜能,为什么有的教师能够很好发展,而有的教师却不能呢?大量的人才成长实践证明:能否成才与是否擅长开发自己,能否发挥自己长处有密切关系。

由于知识经验、个性、教学能力等方面的差异,教师教学各有千秋,而不是千人一面。为了发展自己的教学个性,教师要想办法挖掘自己的优势,发挥自己的优势。如从教学特点上看,有的教师逻辑思维能力强,就可能在教法、知识传授上有严谨的特点。而有的教师情感丰富、活泼开朗,就可能以情感人。每个人都有自己的优势,如记忆、朗读、人际、绘画、音乐等方面的优势,关键是要能剖析自己,找到自己的优势,扬长避短。如果把这些优势运用在教学中,就可能演出"拿手好戏"。只要注意精心打造,时间长了教师就可能培养属于自己的教学特点或风格。

第五节 鼓励教师闯过几道关

当一个人取得一点成绩，人们容易看到的是成功、顺利的一面。其实在掌声、鲜花的背后是艰辛、汗水、曲折，教师专业化成长的道路也是一样，常常会山重水复，伴随着坎坷。作为学校领导，校长应鼓励教师闯过以下几道关。

一、信念关——追求大目标，不计较眼前小利益（大气）

成长始于信念，人为信念活着。东北抗联英雄杨靖宇在密林中与敌人周旋数日，宁肯吃棉絮、野草也不投降，就是因为拥有伟大的信念。一个教师要在专业发展上有所成就，必须建立自己的信念，只有拥有信念才能激情不老。

二、寂寞关——在专业成长中找到快乐（卧薪尝胆）

俗话说，有所得必有所失。如果在专业发展上选择了追求优秀，就选择了寂寞。因为无论是教师进行业务钻研，还是参与教研都需要一定的时间和精力，要能耐住寂寞，不浮躁。只有冷静、专一、潜心研究，才能取得成果。

三、困难失败关——不经历风雨怎能见彩虹

不经历风雨怎能见彩虹，没有人随随便便成功。任何一个成功者都会遇到困难。通常，困难来自家庭的负担、工作与学习上的矛盾、缺少资料或教研指导等方面。[①]

失败的意义，不仅在于引领人们走向成功，更重要的是它磨砺、锤炼了人们的精神，使人们告别骄躁。从这个意义上说要感谢失败。特级教师张富对这一点体会特别深，他认为教改不能指望一蹴而就，要作长期打算，当效果暂时显现不出时要坚持下去，不能半途而废。

[①]张勇斌. 浅谈转变教学观念，促进学生个性发展[J]. 科技资讯，2011(22).

四、自我关——平常心，低调做人，高调做事

有人说："人最难战胜的不是别人，而是自己。"还有人说："前进包含无数次超越，首先应超越自己，然后才能超越别人。"想要超越自我应该着重做好三个战胜——战胜惰性，战胜满足感，战胜高原期。

以上几道关虽然在教师专业化成长中很难回避，但是只要有勇气，就没有过不去的坎儿。"所有的坚韧不拔，迟早会得到回报。"努力可能成功，也可能不成功，但是不努力肯定不能成功。